Zu diesem Buch Im Landkreis Namslau, in der Nähe von Breslau, liegt der Gutshof, auf dem «Mucke» aufwächst. Das mächtige Schloß mit seinen Säulen und Zinnen und seinen unzähligen Zimmern und Kellern, die vielen Menschen, die dort wohnen und arbeiten, die Teiche, Wälder und ausgedehnten Felder bilden ihre Welt. Es sind Reminiszenzen an eine Gesellschafts- und Lebensform, die es so nicht mehr gibt.

Maria Frisé, geboren 1926 in Breslau, wuchs auf einem Gut im schlesischen Landkreis Namslau auf. Nach dem Krieg lebte sie zunächst in Schleswig-Holstein und in der Nähe von Hamburg, seit 1957 in Bad Homburg. Sie schrieb Erzählungen, Reportagen, Essays und Literaturkritiken für Zeitungen und den Rundfunk und war in der Feuilletonredaktion der *Frankfurter Allgemeinen Zeitung* tätig.

Maria Frisé
*Eine schlesische
Kindheit*

Rowohlt Taschenbuch Verlag

Neuausgabe
Veröffentlicht im
Rowohlt Taschenbuch Verlag,
Reinbek bei Hamburg, März 2006
Copyright © 1999 by
Rowohlt Verlag GmbH,
Reinbek bei Hamburg
Dieser Band erschien zuerst 1990 bei
Deutsche Verlagsanstalt GmbH, Stuttgart
Umschlaggestaltung Susanne Heeder
(Foto: Heuernte in Württemberg,
Archiv für Kunst und Geschichte, Berlin)
Gesamtherstellung Clausen & Bosse, Leck
Printed in Germany
ISBN 13: 978 3 499 24123 9
ISBN 10: 3 499 24123 4

Versunkene Welt

1

Unterm Tisch fühlt sie sich sicher. Die Löwentatzen haben stumpfe hölzerne Krallen und Narben und Krehlen von Fußtritten und Besenstößen. Sie kann die Finger hineinlegen in die größeren Kerben und in die tiefen Rillen zwischen den einzelnen Zehen. Es gibt einen festen Himmel aus gelbbraunen Eichenplatten, die Haare verfangen sich darin, so rauh und niedrig ist er.

In der Mitte, dort wo sie hockt, ist der Teppich noch rot, rot wie der Himbeersaft, den sie abends zum Grießbrei bekommt. Rings um den Tisch ist das Rot ausgewaschen zu einem schmutzigen Grau mit violetten und gelblichen Strähnen und zahlreichen dunkleren Flecken, die auch mit Seifenschaum oder Benzin nicht mehr wegzureiben sind.

Manchmal läßt sich Robinson Crusoe, den jeder nur beim Nachnamen nennt, neben ihr nieder: Die Hinterbeine knicken einfach ein, die Vorderbeine senken sich trippelnd und dabei ruckartig nach vorn strebend, bis schließlich die Brust mit dem kleinen weißen Stern auf dem roten Teppich ruht. Crusoe seufzt wie der Herr Vikar, wenn der zu viel gegessen hat. Seine graue Schnauze paßt genau zwischen die Vorderpfoten. Sie streichelt ihn gern, aber er stinkt, ein scharfer Geruch nach Schwefel und Fauligem. Wenigstens am Kopf ist das braune Fell noch seidig und dicht; die Schlappohren fühlen sich kühl an, sie sind dünn wie Glacéleder. Ganz hinten auf dem Rücken, da, wo der Schwanz ansetzt, sind Löcher im Fell: Räude. Ausgerechnet da. Crusoe muß sich verrenken, um mit der Zunge hineinzureichen. Er leckt und leckt, bis ihm der Rücken weh tut oder die Halswirbel schmerzen. Es nützt wenig. Klebriger Saft sickert immer wieder heraus. Auch die lila Tinktur hilft nichts. Ja, Gnadenbrot, Alter, sagt Hermann und jagt Crusoe hinaus, wenn niemand da ist. Der Herr Vikar tritt sogar mit seinen großen Füßen nach ihm. Stinkvieh, Töle, schimpft er.

Crusoe gehörte Großvater. Sie haben ihn geerbt wie alles hier. Doch niemand will ihn haben. Manchmal begleitet er sie; steifbeinig geht er dicht an ihrer linken Seite. Bei Fuß, das hat er gelernt, als er noch Fasanen und Hasen apportierte. Er gehorchte aufs Wort. Tadellos abgerichtet war der, sagt Hermann.

Sie kennt die Schuhe alle, sogar die vom Herrn Milchkontrolleur, die höchstens alle vier Wochen einmal unterm Tisch stehen und mal rotbraun, mal schwarz sind, aber immer nach Lysol und Kuhfladen riechen. Zum Glück reicht keiner der Füße bis zu ihrer roten Insel. Der Tisch ist sehr breit. Früher, hat der Vater erzählt, als sie noch viel mehr waren, als seine Geschwister alle noch zu Hause waren, ging Tammchen mit der Kaffeekanne auf dem Tisch herum und schenkte die Tassen voll.

Sie stellt sich die Zwergin vor: In Spangenschuhen aus schwarzem Lackleder trippelt sie um die drei Blumenschalen, um die vier Marmeladentöpfe, um die gläsernen Honignäpfe, die silbernen Zuckerdosen, die Milchkrüge herum. Nie kippt sie etwas um, nie hinterlassen ihre Puppenfüße dunkle Spuren auf dem Damasttischtuch. Wenn Vater oder seine Brüder frech waren, nahm sie ihr Schwert, ein langes Lineal – Vater erzählt das und seine Brüder wissen das auch noch sehr genau. Knie nieder, befahl sie, und kniend empfingen die bösen Buben ihre Strafe. Tammchen hatte Autorität, sie wurde geachtet.

Sie hat Tammchen ein einziges Mal gesehen, ihre goldene Brille, den dünnen graublonden Zopf um den großen Kopf gesteckt. Auf ihren schwarzen Stock gestützt, ging sie mühsam durch die viel zu weiten Räume. Der Vater beugte sich tief zu ihr hinunter. Sie war schwerhörig geworden. Sie duzte den Vater und sah ihn so streng durch ihre goldene Brille an, wie sie ihn wohl als seine Lehrerin beim Lateinunterricht angeblickt hatte.

Manchmal fallen Brotkrümel unter den Tisch, manchmal kullern auch Erbsen oder Johannisbeeren herunter. Sie hebt sie nicht auf. Sie werden zu grünen oder roten Plättchen zertreten. Sobald Hermann den Braten aufträgt, sabbert Crusoe Speichelfäden, die er immer wieder mit seiner Zunge aufschlappt. Er rührt sich nur, wenn Juli ihm heimlich einen Fleischbrocken zuwirft. Auf dem Teller darf nichts liegenblieben. Man nimmt von allem, auch vom Rauchfleisch, das Juli nicht mag, auch vom Gepökelten, das fast noch gräßlicher schmeckt, oder von diesen grauen Hammelstücken, die grüne Bohnen zur Plage machen. Ein Glück, daß Crusoe unterm Tisch wartet und sogar durchgekauten Zadder frißt.

Julis Füße reichen nicht auf den Teppich herab, sie baumeln; manchmal klopfen sie gegen die schwarzen gedrehten Säulenbeine des Stuhls. Aber Juli! Dann halten sie wieder eine Weile still. Julius! ruft es manchmal auch streng. Dann steht es schlimm für Juli. Irgend jemand hat ihn verpetzt. Sie nicht, sie würde das nie tun, petzen ist gemein und feige und überhaupt das Letzte.

Sie hört alle Worte aus der Ferne. Die meisten kommen vom hellen Tischende, dort, wo die Erkerfenster Lichtbahnen bis unter den Tisch schicken.

Schaffen Sie es heute, Herr Wierczek?

Herr Wierczek kaut und schluckt so laut, daß sie es da unten hören kann. Mal sehn, mümmelt er.

Er trampelt mit seinem rechten tranigen Stiefel auf. Er will seine Ruhe haben, wenigstens beim Essen. Was er schaffen soll, weiß sie nicht. Aber die Eleven, die immer nebeneinander sitzen, wissen es. Sie sagen etwas von verdammtem Lehm und hart wie Stein. Irgend etwas ist kaputt und muß zum Schmied. Auch sie trampeln mit ihren Stiefeln, so daß der festgebackene Dreck von den Sohlen springt. Und nun bewegen sich auch die dünnen Beine der Sekretärin, ihre Knie reiben aneinander, die Seidenstrümpfe knirschen. So hübsche Strümpfe trägt keiner hier, und so hübsche Beine hält auch niemand sonst unter den Tisch.

Aber der Vater hat die schönsten Stiefel, weich, glänzend und niemals lehmbespritzt. Wenn er sie auszieht, stopft Hermann blankpolierte Holzspanner hinein, bevor er sie mit viel Spucke und wenig Schuhcreme putzt. Form Potsdam, extra schmal. Der Vater ist stolz auf seine eleganten Stiefel. Manchmal trägt er auch Kniestrümpfe und Lackschuhe, die so alt sind, daß sie nur noch aus Rissen bestehen. Die Ripsschleife ist allerdings neu. Ein wenig komisch sieht das aus, Storchenbeine in Lackschuhen.

Vielleicht wird der Vater später zu ihr kommen, wenn sie das brüchige Leder streichelt, überlegt sie und kriecht vorsichtig nach vorn. Sie möchte zu gern, daß der Vater an ihrem Bett sitzt und ihr Geschichten erzählt von Tammchen, von Nickel, dem klugen Panjepferd, das sich auf Befehl hinlegte, von früher, ganz gleich wovon. Kommst du? fragt sie jeden Abend. Er nickt, aber er vergißt es oft.

Messer und Gabeln klappern auf den Tellern. Sie verfolgt Hermanns breite Füße, die um den Tisch schlurfen, stehenbleiben, weiterschlurfen, schließlich über das knarrende Parkett zur Anrichte gehen. Dann ist wieder die Stimme vom oberen Tischende da, die dem Vater gehört und merkwürdig laut und hell klingt, ganz anders als die Geschichtenstimme am Abend.

Wie geht es in Schwieda?

Füße fangen an zu scharren, wenn der Vater fragt. Beim Herrn Vikar ist der Teppich besonders abgewetzt. Der Vater ärgert den Vikar gern.

Jeremias siebzehn, Vers fünf, ruft er.

Aber der Vikar scharrt nur und rutscht auf dem Stuhl hin und her. Die Eleven wachen wieder auf. Die Seidenknie der Sekretärin knirschen. Ein Lachen gluckst auf. Niemand kann den Vikar leiden.

Er ist nun einmal da, hat der Vater gesagt.

Fräulein Schlemmel zieht die zerfransten Leinenschuhe aus während des Essens. Ihre Füße sind geschwollen, die dicken Adern an den bläulich-weißen Waden tun ihr bestimmt weh. Im Sommer trägt sie keine Strümpfe. Sie kann kaum sprechen, ihr Atem pfeift und rasselt, sie bekommt keine Luft zwischen den Bissen und muß immer wieder innehalten. Niemand wendet sich an sie. Arme Schlemmel! Aber eigentlich ist sie lästig.

Muß sie hier sein und immer dabei? Das fragt der Vikar. Er hat eine empfindliche Nase. Er wohnt im zweiten Stock, wo Schlemmels Eukalyptus- und Kampferdämpfe den Flur verpesten. Sie öffnet das Fenster nicht, hat Juli gesagt, eines Tages wird sie in ihrem Lehnstuhl hinter dem Nähtisch verfaulen. Aber das flüstert er nur. Arme Schlemmel! Du mußt mal ihren Arm drücken oder ihren Bauch. Wirst sehen, es bleibt eine Delle zurück, wie bei einer faulen Birne.

Aber wie soll sie das machen: die Schlemmel drücken? Sie mag ihr nicht einmal die Hand geben, diese weiche feuchtheiße Patsche, die ihr oft einen Honigbonbon schenkt, meist aber ein Taschentuch knäult, bis es eine nasse graue Wurst ist mit einem Saum von Häkelspitzen.

Manchmal möchte sie stärker sein als Juli. Sie möchte seinen Hals umklammern und ihn zwingen. Sie möchte sich auf ihn stürzen mit Riesenkraft. Sie ist oft wütend auf ihn. Wenn er sie Baby nennt zum Beispiel oder behauptet, mit Mädchen könne man nicht spielen. Trotzdem ist sie am liebsten mit ihm zusammen. Sie läuft ihm nach. Bald wird sie am unteren Tischende neben ihm sitzen. Bald. Sie wird auch lachen, wenn Besuch da ist und alle lustig sind. Wenn die großen Jungen, Vaters Brüder, zu den Ferien kommen. Sie wird rosa Wein in ihrem Glas haben mit Zucker und Wasser und lachen, bis ihr der Bauch weh tut und die Augen blind werden. Warum lachen sie alle? Sie versteht es nicht.

Manchmal lachen sie über sie. Was hat sie denn gesagt?

Mucke, das Baby, schreien sie, und Juli lacht am lautesten. Sie heult, aber niemand beachtet sie. Weinen ist verachtenswert.

Aber du heulst doch nicht, Schiprinchen? fragt der Vater.

Nein. Sie schnieft nur und wischt sich die Nase mit dem Pulloverärmel ab.

Crusoe merkt, daß die Mahlzeit zu Ende geht. Er erhebt sich, dehnt seine steifen Hinterbeine, bevor er unterm Tischtuchzipfel am oberen Tischende auftaucht, hinter Vaters Platz tritt und sich schüttelt, daß die Ohren klappern. Vater schiebt seinen Stuhl zurück, und alle anderen stehen wie er auf. Auch Juli rutscht von seinem Kissensitz herunter und bleibt hinter seinem Stuhl stehen. Sie weiß genau, daß er jetzt die hölzerne Rose oben auf der Stuhllehne umklammert, während er «Danket dem Herrn» betet, «denn er ist freundlich»; deutlich und laut erst, dann immer schneller und nuschliger, «und seine Rose währet ewiglich».

Irgendwann wird die Rose abknicken, bestimmt. Gesegnete Mahlzeit! wünschen sich alle oder nur Mahl! – und bilden mit ihren Armen eine Kette rings um den Tisch. Wieder hat niemand gemerkt, daß Juli Rose statt Güte gesagt hat. Alle sind froh, daß sie aufstehen dürfen. Vom Nachtisch ist nichts übriggeblieben. Jetzt muß sie aufpassen. Manchmal kann sie hinausschlüpfen, sobald Hermann die Tür aufstößt und die leeren Schüsseln zum Aufzug trägt. Meistens aber muß sie warten, bis alle weggegangen sind und nur Hermann noch da ist, Gläser, Salzfässer und Bestecke abräumt und zuletzt mit der silbernen Sichelbürste die Krümel auf dem Tischtuch zusammenfegt.

Wart nur, ich komm mit dem Poßek, droht er. Aber er läßt sie hinaus und er petzt auch nicht.

Der Poßek ist eine Schlange, weiß Juli. Sie haben ihn noch nie gesehen, aber sie sind auf der Hut vor Hermann. Er braucht nur zu pfeifen, auf zwei Fingern natürlich, schon flitzen sie.

Eines Tages wird er uns vergiften, sagt Juli. Er meint Hermann. Hast' die Flaschen in seinem Schrank gesehen? Der Poßek sitzt in der guten Livree unter der gestreiften Weste. Wenn du zu nahe kommst, springt er heraus.

Hermanns Schrank riecht nach Brennspiritus, Kirschtalg, Terpentin, Bohnerwachs und Schlämmkreide. Sehr gut, findet sie.

Hermann hat einen schwarzen platten Daumennagel, gelbe Zahnstummel, die er nur beim Lachen zeigt, und eine Eidechsenglatze.

Manchmal glaubt sie an das Gift und an den Poßek.

Sie muß sich beeilen, damit sie im Bett ist, bevor einer nachsieht, ob sie schläft. Sie huscht die Hintertreppe hinauf, dort begegnet ihr bestimmt niemand. Juli wird bald heraufkommen, deshalb erscheint ihr das Zimmer nicht mehr groß. Manchmal aber, wenn sie wartet und wartet, rücken die Wände so weit weg, daß sie stundenlang gehen müßte, um sie zu erreichen. Ihr Bett steht ganz allein in schwarzbrauner Dunkelheit. Sie kann die Gitterstäbe drehen, daß sie quietschen und knarren, umsonst, nichts rührt sich, nicht einmal die Luft bewegt sich. Sie wagt nicht zu schreien, denn das große graue Tier könnte aufspringen und sie ersticken mit seinem heißen Atem. Sie fühlt, wie es näher kommt, sie spürt die Hitze aus seinem Maul. Sie zieht ihr Plumeau über den Kopf.

Auf keinen Fall darf sie jetzt den Mund öffen. Kommt denn niemand zu Hilfe?

Dann ist plötzlich doch jemand da. Der Vater holt sein Lavendeltaschentuch heraus und wischt ihr die verklebten Haare aus der Stirn.

Schläfst du jetzt schön, Schiprinchen?

Sie nickt nur. Sie möchte die Arme um Vaters Hals schlingen und ihn festhalten, damit er noch eine Weile bleibt. Aber ihre Arme sind steif und schwer; sie kann sie nicht bewegen. Er soll ihr einen Fußsack machen, wünscht sie sich. Wirklich, der Vater hat verstanden, obwohl sie keinen Mucks von sich gegeben hat. Er stopft ihr die Decke fest um die Beine. Nichts, nicht einmal ein Floh von Crusoe könnte zu ihr schlüpfen. Der Vater beugt sich über sie und küßt sie auf die Nase. Es schmeckt nach Lavendel.

Nimm mich mit, bettelt sie. Aber er lacht nur und schließt die Tür.

2

Man hat ihr den Kopf geschoren. Sie friert am Hals und an den Ohren. Morgens muß sie unter die kalte Dusche, dann Kniebeuge, Rumpfbeuge, Windmühle, Hüpfen und wieder Dusche. Die neue Dame aus dem Baltikum lehnt in ihrer Noppenjacke am offenen Fenster und rasselt mit dem Schlüsselbund im Takt.

Die Kinder sind mickrig, hat sie zum Vikar gesagt. Das Pimpelige werden wir ihnen austreiben. Frische Luft und kaltes Wasser, damit fangen wir an.

Spring, bis du trocken bist, sagt die Dame und geht endlich weg. Am liebsten würde Mucke jetzt in ihr warmes Bett kriechen, aber die Dame hat die Decke schon herausgerissen und über die Fensterbank gebreitet.

Die Haare werden dicker, hat man ihr versprochen. Willst du nicht Zöpfe haben? Sie wünscht sich keine Zöpfe, sie wünscht sich Locken. Wenn sie sehr oft und lange mit dem Zeigefinger Kreise in den weichen Stoppeln auf ihrem Kopf dreht, bekommt sie vielleicht welche.

Fummel nicht, sagt die Dame. Hast du Läuse?

Noch nie hat Hermann so viele Gläser zerschlagen. Er schmeißt das Silberbesteck in die Zinkwanne, daß man es bis ins obere Stockwerk hört. Meschugge Zicke, brummt er, wenn die neue Dame ihm den Rücken kehrt.

Sie schließt alles weg, den Zucker in den silbernen Zuckerdosen, den Hermann im Frühjahr für seine Bienen braucht, die halbgeleerten Rotweinflaschen, die Hermann zustehen, sogar Vaters Besucherzigarren. Jetzt hat Hermann nur noch Hühnerfutter in seiner Kanne, wenn er mittags zu seiner Frau geht. Der Futterkeller soll demnächst aber auch ein Schloß bekommen.

In Ihrem Haus wird gestohlen, sagt die Dame.

Das weiß ich, antwortet der Vater, aber mit Maßen.

Nach dem Essen muß Mucke Brett liegen.

Dir wachsen ja Flügel, sagt die Dame, so krumm ist dein Rücken.

Sobald Mucke allein ist, dreht sie sich auf den Bauch. Sie hätte gerne Flügel, auch wenn ihr Rücken davon krumm wird. Manchmal kann sie sogar schon fliegen. Auf der Wendeltreppe zum Beispiel. Dort ist es so dunkel, daß man keine Stufen sieht. Seit Juli gestürzt ist, betritt er diese Treppe nicht mehr. Sie aber faßt einfach das Geländer an, kneift die Augen zu, macht, so schnell sie kann, ein paar Schritte – und schon schwebt sie hinunter, ganz leicht. Juli will es nicht glauben. Sie kann ihm nichts beweisen, weil es zu dunkel ist. Immerhin kommt sie jedesmal ohne blaue Flecken oder aufgeschürfte Knie an.

Juli hat es zuerst herausgefunden: Der Schlüssel vom unteren Klo paßt auch in das Schloß von der Speisekammer. Nachmittags, wenn die Zicke ruht und fast alle anderen bei ihrer Arbeit sind, geht Juli räubern: Rosinen und Mandeln, Blockschokolade und Zwieback.

Einmal hat ihn Hermann erwischt. Hört, hört, hat er nur gesagt. Aber seitdem ist in der Kanne, die er jeden Tag nach dem Mittagessen nach Hause trägt, wieder Zucker für die Bienen. Und vielleicht bringt Hermann seiner Frau auch Nudeln, Reis oder Zimtstangen mit.

Zustände sind das! seufzt die Dame bei jeder Gelegenheit. Sie will sie alle ändern. Doch es gibt so viele Zustände in diesem Haus, daß alles beim alten bleibt. Immerhin hat sie eine neue Wolldecke für ihr Bett gekauft, die sie in ein Laken schlägt und am Fußende unter die Matratze stopft. Daunendecken und Plumeaus verachtet sie.

Bis zum nächsten Winter, prophezeit Hermann, dann kriecht sie auch unter unsere Federn.

Sagt doch du zu mir und nennt mich Tante Mabel, bittet die Dame. Sie hat sogar Bonbons in ihre Jackentasche gesteckt und das Fenster beim Turnen fast geschlossen. Sie schweigen und sehen an den beiden Händen vorbei, die sich ihnen entgegenstrecken.

Zicke, sagt Juli, als sie allein sind.

3

Eines Tages ist die Mutter da. Man darf sie nicht anfassen, hat die Dame gesagt. Sie ist krank. Seid leise, sie schläft, heißt es jetzt immer, sobald Juli und Mucke im Treppenhaus rufen oder die Türen schmettern. Kommt ihr nicht zu nahe, warnt die Zicke.

Juli erinnert sich, daß die Mutter früher ein hellblaues Kleid mit einem großen Spitzenkragen getragen hat. Jetzt zieht sie immer eine graue Strickjacke über ihre Bluse. Sie friert, mitten im Sommer.

Willst du mir Gesellschaft leisten, fragt sie, ich muß liegen. Sie hat einen Liegestuhl in der Löwenlaube, eine Chaise in ihrem Wohnzimmer und ein breites Bett in ihrem Schlafzimmer, das gleiche, das unten beim Vater im Arbeitszimmer hinter einem Wandschirm steht.

Bei gutem Wetter ruht sie in der Löwenlaube. Dort gibt es zwar keine Löwen, aber die Pfauen stolzieren rein und raus, machen ihre großen grauweißen Kleckse und sehen nach, ob endlich Futter für sie gestreut worden ist. Sie fressen orangegelben Mais, noch lieber aber Brot. Der alte Hahn mit seinem blauseidenen Hals pickt sogar aus der Hand, wenn man nicht Angst hat vor seinem gebogenen Schnabel, mit dem er nach den Brocken hackt.

Hast du sein Krönchen gesehen? fragt die Mutter.

Außer dem Liegestuhl aus Korbgeflecht, auf dem die Mutter liegt, eingewickelt in ihr graurotes Plaid, steht nur noch ein eiserner Gartenstuhl in der Laube, von dem die grüne Farbe blättert.

Mucke sitzt auf den harten Latten und spürt, daß zwei bereits fehlen. Sie verfolgt das durchbrochene Muster der Holzwand: Kleeblätter, Kreuze, Dreiecke, Karos – es sieht aus, als seien sie mit einer groben Laubsäge ausgesägt. In den Zwischenräumen haben Spinnen ihre Netze gespannt. So viele Spinnen gibt es sonst nur auf dem Boden, wo Gerümpel abgestellt ist.

Die Mutter fragt wie Tante Misa, die alle Neffen und Nichten kennenlernen will und sich jedesmal wundert, wie die seit dem letzten Besuch gewachsen sind. Was hast du gern, was macht dir Spaß, was spielst du am liebsten, wie heißen deine Freunde? Nur, sie fragt leiser als Tante Misa, und sie lacht auch nicht über ungeschickte Antworten. Aber der Kartenstuhl, auf dessen Kante Mucke hockt, scheint vom Liegestuhl der Mutter immer weiter wegzurücken.

Der Pfau putzt sein Gefieder, das jetzt zerfranst und struppig aussieht. Er mausert sich wie die Hühner und Puten im Spätsommer, er verliert sogar seinen langen Schweif. Es klirrt wie dünne Metallstäbe, wenn er seine Flügel spreizt oder wenn er sein Rad auffächert.

Pfauenaugen bringen Unglück, hat Fräulein Schlemmel gesagt und ihren Mund, diesen kleinen farblosen Weinemund in den wabbeligen Hängebacken, noch mehr als sonst verzogen. Neben ihrem Spiegel auf der Kommode steht ein Weckglas mit einem Strauß schon ein wenig verblaßter Pfauenfedern. Fräulein Schlemmel hat viel Unglück, das sieht jeder. Trotzdem wird Mucke sie nachher besuchen, sich einen Honigbonbon holen und ihr den zerrissenen Faltenrock zum Flicken bringen.

Sie hat nicht zugehört, was die Mutter gefragt hat.

Was?

Wie meinst du bitte? verbessert die Mutter sanft. Möchtest du spielen gehen? fragt sie noch einmal.

Mucke hopst so hastig hoch, daß der eiserne Stuhl auf die staubigen Fliesen kippt. Der Pfau springt erschrocken auf die Brüstung und stößt seinen schrecklichen Ruf aus: Kraaaoo! Wie eine Riesenkrähe. Seine braungesprenkelten Aschenputtel-Hennen zetern weniger laut und empört.

Mucke läuft schnell weg. Sie weiß eigentlich immer noch nicht, wie die Mutter jetzt aussieht.

Irgendwann wird sie diesen alten Kasten, dieses Haus voller Gespenster, verlassen. Sie wird nicht mehr zurückkommen. Aber sie möchte auch beim Vater bleiben oder mit ihm zusammen weggehen. Zum Beispiel in die Stadt, nach Breslau, wo der Familie eins der Patrizierhäuser am Ring gehört. Sie könnten dann jeden Tag zu Pedro Coll Eis essen gehen, den Fischen in den Aquarien zuschauen und die Liebespaare auf den roten Plüschbänken beobachten. Wenn ich reich wäre, sagt der Vater manchmal. Aber er ist nicht reich.

Was er sich wünscht, sind Dinge, die Mucke nicht versteht. Er möchte zum Beispiel eine Kirche bauen. Was will er mit einer Kirche? Sie gehen jeden Sonntag durch den Park in den Betsaal, der über der Gärtnerwohnung und dem Gewächshaus liegt. Die Holztreppe riecht nach Schmierseife, manchmal ist sie gerade gescheuert und noch feucht. Durch zwölf Fenster scheint die Sonne in den langen Saal. Die weiß- und goldgerahmten Bilder – insgesamt zwölf – glänzen auf. Ein Großonkel hat sie in Rom gemalt, kopiert nach berühmten Vorbildern. Man weiß nicht, was darauf dargestellt ist. Unpassend seien sie, hat der Vikar gesagt. Aber so dunkel, hat der Vater gemeint, da macht es nichts.

Den Bauplatz für die Kirche hat der Vater schon: der Acker vor dem Friedhof. Durch den grünen Tunnel der Lindenallee könnte man schnurstracks vom Schloß zur Kirche gehen. Mindestens einen Geldgeber hat der Vater auch schon: Sein katholischer Nachbar und bester Freund will Geld für die evangelische Kirche stiften. Es reicht aber längst nicht. Also zeichnet der Vater weiter an seinen Bauplänen herum und hofft auf unerwarteten Geldsegen.

Sonntag vormittag ist meistens das schönste Wetter. Mucke hört die Kinder auf dem nahen Sportplatz rufen, sie spielen Völkerball oder Fußball. Die haben es gut. Mucke muß in der einzigen Reihe sitzen, die im rechten Winkel zu den anderen Bänken steht, ganz dicht am Altar. Sie weiß, daß alle Leute beobachten können, wenn sie mit den Beinen baumelt, in der Nase bohrt, einschläft oder vergißt, beim Beten aufzustehen. So sitzt sie ganz steif, bis ihr der Rücken weh tut. Sie sieht, wie der Vikar Spucke sprüht, wenn er seine Stimme erhebt; sie merkt auch, wenn er Angst hat, steckenzubleiben oder etwas zu sagen, was dem Vater nicht gefallen könnte. Später, beim Mittagessen, bei Schweinebraten und Kartoffelklößen, wird ihn der Vater zur Rede stellen.

Was haben Sie gemeint mit Ihrem Ausflug in die Heilsgeschichte?

Was ist Heilsgeschichte? Bei Tisch darf man nicht fragen. Nur der Vater fragt und fragt, bis er kaum noch Antworten bekommt.

Zwischen Predigt und Gebet läuft der Vikar mit langen Latschschritten zum Harmonium. Der Talar schlappt um seine Beine. Er trägt ihn ungern, das sieht man. Er möchte sich rasch bewegen, aber die Falten hindern ihn. Das Harmonium ächzt und stöhnt, ehe es die ersten Akkorde herauspreßt. Hoffentlich sind es nicht zu viele Strophen. Die Lieder sind meistens langweilig. Aber manche Worte mag Mucke gern. Jammertal, Suchefreud und Glaubefest zum Beispiel.

Manchmal, wenn sie beide wütend sind, denken sich Juli und Mucke aus, daß das Haus zusammenstürzt. Zuerst platzt der Putz von den Mauern und reißt auch den Efeu mit. Hinter den Tapeten, in die sie immer wieder Löcher gebohrt haben, rieselt mürber Mörtel. Ganze Ziegelbrocken durchbrechen das vergilbte Papier. Sturm wird die Schieferschindeln vom Dach fegen. Schließlich werden die Wände einstürzen. Aber zuerst wird der Turm umkippen. Sogar der Vater hätte nichts dagegen, wenn der Turm eines Tages umfiele. Der häßliche Klotz, Ururgroßvaters Größenwahn. Das Turmzimmer sei mit Hundertmarkscheinen tapeziert gewesen, erzählt Hermann. Wo das viele Geld herkam und wo es geblieben ist, weiß keiner.

Und dann kracht der Kamin mit den beiden Pfeilern Feuer und Windchen auf die Zicke, freut sich Juli.

Schade um Windchen, findet Mucke; sie tätschelt gern seine Pausbacken aus Sandstein. Feuer dagegen, mit seinen spitzen Zähnen und seinem riesigen Maul, aus dem die Flammen züngeln, ist zum Fürchten.

Juli stellt sich immer vor, wie das Eßzimmer zerstört wird: Erst wackeln die silbernen fünfarmigen Leuchter in den Nischen der schwarzen Täfelung, Gläser zittern und klirren in den Wandschränken, Tassen und Teller scheppern, bis sich die Türen öffnen, bis die Täfelung auseinanderreißt, bis das Geschirr in ganzen Stapeln herausrutscht und auf dem Parkett zerschellt. Der Kronleuchter schaukelt über dem Scherbenberg, bis die Decke einbricht.

Aber wie soll die Decke einbrechen? Kreuzgewölbe, es ist der älteste Teil des Hauses, meterdickes Mauerwerk.

Juli läßt sich nicht beirren. Tonnenweise stürzt das ein, sagt er. Seine Augen glänzen.

Und die Zicke?

Ist tot und begraben.

Und die Ratten im Keller und die Kakerlaken in der Küche hinter den Heizungsrohren?

Juli hat sich noch nicht überlegt, was mit ihnen geschehen wird. Sie könnten ihnen folgen, fürchtet Mucke, überallhin, wohin sie auch immer gingen, die Tiere würden ihnen folgen: graue und braune Ratten, gelbe und schwarze Kakerlaken. Ob es von den faltigen Fledermäusen im Turm auch zwei Sorten gibt, weiß sie nicht.

Du spinnst, sagt Juli.

Da fällt ihr ein, daß sie die Spinnen vergessen hat und die Sperlinge auch, die sich ihre Nester im Efeu gebaut haben und von früh bis abends schilpen und zetern. Und was wird aus Crusoe und was aus der Schlemmel?

Eigentlich weiß sie gar nicht, wohin sie gehen möchte. Sie kennt nichts. Sie ist noch nicht einmal in jedem Winkel dieses Hauses gewesen. Und eigentlich liebt sie es, ist sogar stolz auf den Turm, den man von weitem sieht.

4

Sie bekommt eine Brille, ein blaurot kariertes Kleid und neue harte Sandalen, die ihr die Fersen aufscheuern. Jetzt soll sie zur Schule gehen.

Sie möchte zu einem Däumling schrumpfen, dann würden die Kinder ihre kurzen Haare, die Brille und das steife, viel zu lange Kleid nicht bemerken. Sie aber hätte Zeit, jedes der zweiunddreißig Gesichter einzeln zu betrachten. Sie starrt verwirrt auf die schrundige Bank vor ihr; sie hört viele Stimmen durcheinander, Gelächter, scharrende Füße. Keiner spricht mit ihr.

Plötzlich zwei Atemzüge Stille, dann brüllt es so laut, daß sie den Luftzug am Ohr spürt: Guten Morgen, Herr Lehrer.

Sing mal, sagt der Lehrer Kubschek und läßt die Stimmgabel auf der Bank summen, sing Aaa, Aaa!

Aber sie kann nicht. Der Frosch sitzt in ihrem Hals und bläht sich auf, gleich wird ihr der Kopf platzen.

Sing Aaa! So: Aaaa! macht ihr der Lehrer vor. Ihre Augen klettern zögernd über den mächtigen Tonnenbauch vor ihr, über die graue Fischgrätenweste, an der kein Knopf fehlt, über die Kinnsäcke, die dort ruhen, wo der Hals sein müßte. Sie sieht den Mund, der als dunkelrosa O in das schwarzbehaarte Fleisch eingelassen ist, sieht die zitternden schwarzen Büschel in den Nasenlöchern. Im Mund bewegt sich etwas: Hellrot und spitz fährt die Zunge über die Lippen. Dann klappt das O zu einem Schlitz zusammen, der sich wieder öffnet.

Na, wird's endlich? schreit der Lehrer und schlägt die Stimmgabel auf ihr Pult.

Sie piepst etwas, bestimmt kein Aaa. Die Klasse grölt. Nicht einmal singen kann sie, das steht nun fest, nachdem sie beim Buchstabieren gestottert und beim Rechnen falsche Kästchen abgeschrieben hat.

Wo hast du das gelernt? Zu Haus? Der Lehrer Kubschek lacht höhnisch.

Sie muß bis zum Ende der Stunde in die Ecke. Vorrechte gibt's hier nicht, hat der Lehrer gesagt. Die Schule ist kein Spaß. Ein halbes Jahr zu spät, dafür muß sie nun büßen. Und eine Schultüte wie die anderen hat sie auch nicht bekommen.

Sie läßt den Kopf hängen. Ranziger Trangeruch steigt ihr in die Nase. Die Dielen der Schule sind geölt. In der Ecke haben sich Schmutz und Fett zu schwarzer Schmiere vereint. Mit der Sohlenkante kann sie schwarzglänzende Zeichen malen.

Scharr nicht! brüllt der Lehrer Kubschek.

Die ockerfarbige Wand ist in Augenhöhe zerkrehlt. Mucke sucht Figuren. Wenige neue Kratzer, und sie hätte zwei spielende Hasen.

Hände auf den Rücken! brüllt der Lehrer Kubschek.

Jetzt fällt ihr wirklich nichts mehr ein, was sie in dieser Ecke tun könnte. Sie schnüffelt und schnieft, endlich quellen ein paar warme Tränen heraus.

Zum Glück gibt es die Pause und eine Schelle mit einem hölzernen Griff, die Janek schwingt. Janek ist überhaupt viel beschäftigt. Nachdem er die Glocke auf ihren Platz neben den Geranien der Frau Lehrerin gestellt hat, stürzt er auf den Schulhof zur Pumpe. Frisches Wasser! schreit er und bringt den Pumpenschwengel mit kurzen ächzenden Stößen in Bewegung. In einem blauen angeschlagenen Emailletippel bietet er Wasser an. Die Kinder drängen sich um ihn, als wäre er der Eismann.
Sie kommt zuletzt dran. Das Wasser schmeckt köstlich, nach Eisen, nach Schule, nach vielen Kindern. Sie trinkt und trinkt. Das Wasser rinnt ihr am Kinn entlang, am Hals herunter. Als sie Janek das Tippel zurückgibt, pumpt er es rasch noch einmal halbvoll und gießt es ihr über den Kopf.
Jetzt biste getauft, schreit er und rennt lachend in die Klasse.
Brillenschlange, Stiftekopp! rufen die Kinder hinter ihr her.
Brillenschlange, Stiftekopp!
Sie geht, so schnell sie kann, aber die anderen rücken immer näher auf. Wenn sie rennen würde, fielen sie erst recht über sie her.
Brillenschlange, Stiftekopp!
Erst als sie über die Mühlenbrücke gelaufen ist und das Gartentor geschlossen hat, streicht sie sich über den Kopf. Es stimmt, die kurzen Haare sträuben sich wie Igelsta-

cheln. Die Brille wird sie nie mehr in der Schule aufsetzen.

Am nächsten Tag geht es ihr nicht besser, aber Crusoe hat sie zur Schule begleitet. Sie weiß, er wartet im Hof auf sie, das ist ein Trost. Sie hat wieder die Rechenaufgaben falsch geschrieben. Die Kästchen müssen nebeneinander stehen, nicht untereinander; die Schreibfeder tropft, und der erste Tintenklecks im neuen Heft sieht wie ein Teufelskopf aus. Sie kann sich nicht daran gewöhnen, daß der Lehrer Kubschek die Jungen aus der vierten Klasse anschreit, während er vor ihrer Bank steht. Jedesmal zuckt sie zusammen, hat Angst, sie könnte gemeint sein.
 Plötzlich öffnet sich die Tür, Crusoe hebt seinen Kopf, wittert, sucht Mucke, die er mit seinen halbblinden Augen nicht sogleich findet. Dann kommt er schwanzwedelnd auf sie zu. Der Lehrer Kubschek steht starr.
 Schaff das Biest fort! schreit er. Jetzt erst bellt Crusoe mit seiner tiefen Stimme. Der Lehrer Kubschek springt hinter sein Pult. Weg! schreit er, sofort raus!
 Es sieht so aus, als fürchte er sich vor dem alten Crusoe.
 Mucke steht auf, führt den Hund am Halsband hinaus. Und da er nun weiß, wie man die Tür zum Klassenzimmer öffnen kann – er springt einfach mit den Vorderpfoten auf die Klinke –, geht sie lieber gleich nach Hause mit ihm. Hinter sich hört sie aus der Klasse unterdrücktes Kichern.

Am Nachmittag holt sie Ulla ab. Sie hüten zusammen die drei braungescheckten Kühe. An den Stricken, die um die Hörner geknotet sind, lassen sie sich auf den Feldweg ziehen. Die Kühe wissen, wo das beste Futter wächst. Die Kühe von Ullas Vater fressen den Klee von Muckes Vater. Auf diese Weise ist das Hüten ein Kinderspiel. Die große Rote läßt sich sogar melken, während sie frißt. Ulla lenkt den dünnen weißen Strahl direkt in ihren Mund. Aber Mucke mag keine kuhwarme Milch; sie mag auch die Zitzen nicht anfassen, die sich dehnen lassen wie alte Schläuche und schlaff und schrumpelig am feinbehaarten Euter hängen.

Kühe haben schöne Augen, behauptet Mucke, damit Ulla nicht böse wird. Ulla lacht nur: Schöne Augen? Aber Mucke findet sie tatsächlich schön, so groß, so sanft, die Farbe zwischen Blauschwarz und Grau verschwimmend. Und sieh nur, die Wimpern!

Ulla kratzt mit ihrem Stock an den mistverklebten Flanken der Roten. Ein paar trockene Fladenschuppen platzen ab; sie reißen so viele Haare mit, daß rosa Haut wie eine Wunde zwischen den Mistkrusten aufbricht.

Laß das, möchte Mucke sagen, wenn Ulla mit dem Knüppel auf die Tiere einschlägt oder an den Krusten kratzt. Aber sie wagt es nicht. Sie möchte bei Ulla bleiben, bis es dämmrig wird, bis Nebel zwischen den Erlen am Bach hochsteigt, langsam über die Wiesen kriecht und Bäume, Sträucher, sogar die langen Gräser auf seinen wabernden Wolken schweben läßt.

Der Klee ist nun naß vom Tau, an den nackten Beinen wird es kalt. Ulla schüttelt die rauhe Decke auf und legt sie um die Schultern; mit zwei Händen halten sie die Zipfel fest, mit zwei Händen umschlingen sie sich. Ihre Hüften bewegen sich im Takt, während sie hinter den dampfenden Tieren heimgehen: ein graues Wesen mit vier Beinen und zwei Köpfen. Sie schweigen, nur das schabende Geräusch ist zu hören, das die Kühe bei jedem Tritt mit ihren schleifenden Klauen auf dem lehmigen Feldweg machen.

5

Nachmittags muß man raus, bei Wind und Wetter, und im Winter besonders. Aber Mucke und Juli flüchten sich meistens dorthin, wo man von Wind und Wetter nichts spürt. In den Schafstall zum Beispiel. Wenn man die fettigen, dreckigen Vliese lange genug gestreichelt hat, bekommt man seifige Hände. Die Pfauen überwintern auch im Schafstall. Sie hocken auf den Balken und brechen in ihr empörtes Rabengeschrei aus, wenn die Hunde bellen.

Im Februar beginnt die Lammzeit. Täglich werden Lämmer geboren. Der Schäfer läuft mit aufgekrempelten Hemdsärmeln rum und wischt sich mit dem Ellenbogen den Schweiß von der Stirn, weil seine Hände blutig sind. Eigentlich sollte jedes Mutterschaf eine Extrabox zum Lammen haben. Der Schäfer baut immer wieder neue kleine Ställe, streut sauberes Stroh ein. Aber die trächtigen Tiere gehen lieber in die dunklen Winkel und bringen ihre Lämmer in den mistigsten Ecken des Stalls zur Welt.

Manchmal platzt die Fruchtblase nicht; das Lamm liegt dann zappelnd in seinem bläulichen Hautsack zwischen den Hinterbeinen des Mutterschafs. Wenn der Schäfer nicht rechtzeitig kommt und es durch einen Schnitt mit seinem Messer befreit, erstickt es.

Still sein, die kennen euch nicht, sagt der Schäfer nicht gerade freundlich. Für ihn sind Juli und Mucke ebenso Störenfriede wie für seine Hunde, die nichts anderes im Kopf haben als Schafe und die Stimme ihres Herrn. Man kann sich nicht mit ihnen anfreunden.

Geht zu den Böcken, sagt der Schäfer, die haben nichts zu tun. Die Böcke stehen einzeln in ihren Holzverschlägen und stampfen ärgerlich mit den Vorderfüßen. Sie senken die kleinen silbrigen Köpfe, sobald jemand näher kommt, ihre Schneckenhörner sind jederzeit kampfbereit. Sie verständigen sich mit komisch fetten Altmännerstimmen. Offenbar antworten ihnen die anderen Schafe, es blökt ohne Unterlaß, mal klagend, mal satt und zufrieden.

Am schönsten ist es im Gewächshaus, wo im Dezember gelbe Maréchal-Niel-Rosen blühen, ein mächtiger Baum, der seine Zweige unter dem Glasdach ausbreitet. Die Stengel sind leider so schwach, daß sie die Blütenköpfe nicht tragen können. Die Blüten werden deshalb immer in weiße Porzellanschalen gelegt, in denen sie wie Seerosen schwimmen und ihren süßen Vanilleduft verströmen. Der Rosenbaum kommt aus dem Libanon; der Urgroßvater hat ihn von dort mitgebracht.

Im Gewächshaus gibt es auch Alpenveilchen, Spargelkraut, Tradiskantien, Kakteen und Läuseblumen. Es gibt auch rosa Kreppapier für Topfmanschetten, aus denen man Kragen und Schärpen machen kann, und Kranzschleifen mit schwarzen Kreuzen und schwarzen Palmen.

Vor allem aber gibt es Frau Olenik mit ihren Apfelbäckchen und lustigen blauen Augen. Wenn nichts anderes zu tun ist, sitzt sie auf einem alten Küchenstuhl und flicht Zöpfe aus blau-, rot- oder grüngefärbtem Roggenstroh. Später näht sie die Zöpfe zu Teppichen, Fußmatten, zu Körben oder warmen Hausschuhen zusammen. Von Zeit zu Zeit steht sie auf und rührt in den Wannen die Farblauge um, damit die eingeweichten Halme möglichst gleichmäßig einfärben.

Warm ist es auch in der Schweineküche, wo der Kessel dampft und dicke Schwaden ausstößt, bevor er umgekippt wird und die heißen Kartoffeln in den Trog kollern. Sie werden mit einem S-förmigen Eisen zerstampft, mit Weizenkleie bestreut und in Eimer geschaufelt. Die größten Kartoffeln mit aufgeplatzter Schale essen Juli und Mucke. Der Schweinemeister Schwarzer gibt ihnen Salz, manchmal auch Griebenschmalz aus einem braunen Bunzeltopf. Er zeigt ihnen die jüngsten Ferkel, die wie rosige Würste am Bauch der Muttersau aufgereiht sind. Auch hier darf man nicht laut sein, weil Schweine nervös sind. Um dick und fett zu werden, brauchen sie Ruhe.

Im Stall ist es blitzsauber; stets sind die Koben makellos weiß getüncht. Stroh ist reichlich so eingestreut, daß sich die Ferkel darin verstecken können. Warum die Dame immer Schweinestall sagt, wenn etwas unordentlich und verdreckt ist, ist nicht einzusehen. Sie war gewiß noch nie bei Herrn Schwarzer.

6

Das Haus wird bewacht. Zuerst von den beiden eisernen Hirschen auf der Mauer, die sich über das Gittertor mit seinen verrosteten Lanzen hinweg anröhren. Das Geweih des einen ist abgeknickt, als der Blitz in die große Eiche einschlug und ein Ast auf den Hirsch krachte; aber der andere mit seinem unversehrten Kopfschmuck scheint genauso zu leiden, beide haben ihr Haupt qualverzerrt dem Himmel entgegengestreckt. Das Tor steht meistens offen, und die Hirsche, die man schon von weitem sieht, wenn man die Lindenallee entlangkommt, nimmt niemand als Wächter ernst.

Dann gibt es noch zwei Löwen, aber die haben sich ins Haus geflüchtet und lächeln freundlich wie die Katzen im Kuhstall vor sich hin. Vielleicht denken sie an Venedig, wo der Großvater sie gekauft hat. Als Treppenpfosten sind sie sehr nützlich, sonst hätte es beim Geländerrutschen schon üble Unfälle gegeben. Juli und Mucke rutschen oft um die Wette. Aber eigentlich wissen sie schon vorher, wer der Sieger sein wird: es kommt auf die Hose an. Bleyle rutscht am besten. Wer die steifen Lederhosen anhat, die früher mal weiß gewesen sind und so groß, daß sie dem Kutscher paßten, hat keine Chancen.

Wenn die Dackel nicht so launisch wären, könnte man sie durchaus als Wächter bezeichnen. Manchmal bellen sie so eifrig, daß jeder alarmiert sein müßte. Aber die Dackel schlafen nun einmal gern, am liebsten am Fußende in Muckes Bett, und außerdem können sie manche Menschen, die täglich aus und ein gehen, nicht leiden. Sie kläffen zum Beispiel immer wieder Herrn Wierczek an, als sei der ihr ärgster Feind, oder den Briefträger, den sie nun längst kennen müßten. Auf die Dackel ist kein Verlaß, und Crusoe ist zu alt und taub.

Bleiben einzig die Pfauen. Die passen auch mitten in der Nacht noch auf. Und da sie auf den unteren Ästen der alten Eiche schlafen, haben sie die Haustür, die nie verschlossen wird, im Blick. Vielmehr sind sie so nahe, daß sie hören, wenn sich jemand Fremdes nähert. Der Vater wacht als erster von ihrem Zetern auf. Er weiß also immer, wer zu später Stunde nach Hause kommt.

Das Haus hat eine Vorderseite mit Säulen und Zinnen und einer Sandsteintreppe, die sich teilt und wieder vereinigt und gern aus Marmor gewesen wäre. In der unteren Halle steht der Apostelschrank, in dem die Fahrpelze aufbewahrt werden. Die Apostel sind aus Elfenbein und haben auch ihr Wappentier aus Elfenbein zur Seite, Markus den Löwen, Johannes den Adler. In der Truhe gegenüber ist Juli einmal beinahe erstickt. Er hatte sich in die Fußsäcke aus Lammfell gekuschelt, als plötzlich der Deckel zuklappte. Hermann hatte schließlich das Klopfen gehört und Juli befreit. Seitdem steigt beim Räuberspiel im Dunkeln keins der Kinder mehr in eine der Truhen, die das beste Versteck sein könnten.

Die Rückseite des Hauses ist ohne Schnörkel. So hat die Wasserburg mal ausgesehen. Wahrscheinlich wenigstens, genau weiß man das nicht. Ein mächtiges Haus, unter dessen hohem Dach gleich zwei Böden übereinander für Vorräte oder Gerümpel Platz haben. Der hintere Eingang ist zum Fürchten: Man stolpert zwei ausgetretene rote Sandsteinstufen hinunter und stürzt fast in den Spülstein mit der Pumpe, in dem meistens geschlachtete Hühner, Gänse und Puten oder Enten liegen. Selbst wenn gerade mal nichts Totes dort zum Ausbluten abgelegt ist, kleben noch Federn am Spülstein und das Wasser ist braunrot und riecht faulig.

Rechts von der Hintertür ist die Kokskammer und nicht weit davon die Heizung. Dort hat nur Hermann etwas zu sagen. Er ist dabei, wenn der Trecker den hochbeladenen Anhänger mit Koks aus Oberschlesien anschleppt und vor dem Fenster auskippt. Er hantiert jeden Tag mit langen Haken, Schaufeln, Schiebern und Besen in dem gewaltigen grauen Ungetüm von Heizung herum.

Wenn er verärgert ist, was häufig vorkommt, schlägt er mit seinen Geräten gegen den Kessel und flucht auf Polnisch. Pierunje! mehr versteht keiner. Je nachdem, ob er sich beruhigt hat oder noch immer wütend ist, wird das Haus warm oder bleibt kalt. Wenn Hermann in der Unterwelt ist, geht man ihm am besten aus dem Weg. Er ist es ja schließlich auch, der den Hühnern und Enten den Kopf abhackt oder mit einem scharfgewetzten Messer den Gänsen und Puten die Kehlen durchschneidet. Die Frauen in der Küche seien zu zimperlich dazu, sagt er.

In der Küche hält man sich nicht lange auf. Erstens sind Kinder dort immer im Weg, und zweitens gibt es diese gelben und schwarzen Kakerlaken in der Küche. Jedes Jahr kommt der Kammerjäger und räuchert das Ungeziefer aus. Wenige Wochen später krabbelt jedoch der Nachwuchs hinter den Heizungsrohren hervor. Man müßte alles rausreißen, meint der Kammerjäger. Aber das geht nicht. Also findet man sich mit den Krabblern ab.

Außer den Kakerlaken fühlen sich die Dackel in der Küche wohl. Am liebsten liegen sie in der großen Bratröhre, die nur zu Weihnachten und zu Festen gebraucht wird; gewöhnlich trocknet hier Brennholz. Der Herd ist nämlich so groß wie eine kleine Stube, hat einen Aufbau wie ein Schiff und ein Dutzend messingbeschlagene Türen, Knöpfe, Stangen. Wenn das Mittagessen endlich fertig und mit dem Aufzug ins Speisezimmer geschickt worden ist, läßt sich die Köchin erschöpft und hochrot im Gesicht auf ihrem Stuhl mit dem bunten Häkelkissen nieder. Sofort kommen die Dackel angeflitzt und springen auf ihren Schoß. Während sie aus einer blauen Tasse Kaffee trinkt, krault sie die Hunde und sieht dem Küchenmädchen zu, das den Abwasch allein machen muß. Sie füttert die Dackel mit Bratenresten, die zu fett sind und deshalb eigentlich verboten sind.

Gegenüber der Küche beginnen die Keller, einer nach dem anderen, alle mit Backsteinen gepflastert. Zuerst kommt der Mangelkeller, in dem der große Kasten mit den Feldsteinen und den blankpolierten Mangelrollen den meisten Platz einnimmt. Nur mit vereinten Kräften läßt sich die Mangel ächzend und quietschend in Bewegung setzen. Einmal hat Hermann ein Rattennest mitten zwischen den Feldsteinen ausgehoben. Als er die nackten rosa Jungen totschlug, griff ihn der Rattenmann an. Die Ratten kommen vom Futterkeller, in dem die Kisten und Säcke mit Kleie, Hafer, Mais und Weizen für das Geflügel stehen. Manchmal macht Hermann mit dem Tesching Jagd auf sie. In die Fallen gehen sie nicht, sie sind viel zu schlau. Die Ratten sind am Teich zu Haus, sie kommen durch den unterirdischen Gang ins Haus, der zwar zugeschüttet, aber offenbar nicht überall dicht ist.

Außerdem gibt es einen Eier-, zwei Obst- und zwei Weinkeller. Vom letzten Weinkeller führt eine Wendeltreppe mitten durch die drei Meter dicke Mauer ins Eßzimmer.

Die Keller stammen alle aus der Zeit, als das Haus eine Wasserburg war, deshalb wird man die Ratten und die Gespenster nicht los. In den Keller zu steigen und dort etwas holen zu müssen ist eine Strafe. Nie findet man den Lichtschalter. Daß man sich fürchtet, darf man sich nicht anmerken lassen. Fürchten? Vor was denn eigentlich? Vor Ratten oder Kakerlaken etwa? Oder vor Gespenstern? Darüber kann man nicht sprechen, nur flüstern.

Wenn Mucke und Juli nicht wollen, daß man sie sieht oder hört, benutzen sie die Hintertreppe. Sie ist älter als die Beinahe-Marmortreppe mit ihrem roten Teppich, über den zur Schonung ein grauer Läufer mit Messingstangen gespannt ist. Die Hintertreppe hat breite Eichenstufen. Einmal im Jahr wird sie gescheuert, sonst nur gefegt, und auch das selten. In den Ecken flockt Staub, Spinnweben spannen sich zwischen den Geländerstäben. An den seit Jahrzehnten nicht mehr gestrichenen dunklen Wänden hängen noch dunklere Gemälde. Nur die Goldrahmen glänzen auf. Mucke kann aber doch die Schimmel im Schlachtgetümmel erkennen, sie bäumen sich auf, stehen eigentlich immer auf zwei Beinen. Hier und da entdeckt sie auch einen nackten Leib oder ein Feuer.

Die Bilder gehören zur Gründerzeit, hat der Vater mal gesagt. Einer der Urahnen hatte in Italien einen Eisenbahnwaggon voller Kunst zusammengekauft und hierhergeschickt. Vielleicht ist etwas Wertvolles darunter, meint der Vater. Man müßte mal kratzen oder wenigstens die Gemälde ausleuchten. Doch keiner hat Zeit dafür. So bleiben die italienischen Schätze oder Schinken im kalten hinteren Treppenhaus, wo sie weder stören noch schmükken oder Aufsehen erregen.

Aus der Gründerzeit stammt vieles. Zum Beispiel die beiden Schwanen-Schaukelstühle, auf denen vier Kinder bequem nebeneinander Platz haben. Sie sind auch nur mit vierfacher Kraft zum Schaukeln zu bringen, dann allerdings schlingern sie wie Schiffe auf hoher See. Man muß schon die glattgedrechselten Schwanenhälse fest umklammern und sich an die geschnitzten Schwanenflügel lehnen, um nicht hinausgeschleudert zu werden ins offene Meer. Natürlich darf man nur im Dunkeln schaukeln, sonst fühlt man die Wellen nicht und kann sich nicht grausen. Schade nur, daß das Parkett so jämmerlich ächzt und knarrt.

Im italienischen Waggon, zusammen mit den Schwänen, waren vielleicht auch die Schränke für die beiden oberen Hallen. Sie sind so mächtig, daß sie jeweils eine Wand ausfüllen. Durch einen muß man hindurchgehen, um in Mutters Schlafzimmer zu gelangen. Und immer noch bleibt genug für die eingemotteten Uniformen von mindestens drei Generationen: blaugelbe Dragonerröcke.

Nur Vaters Uniform ist feldgrau. Von ihm hängt nur ein einziger Rock dort; die anderen Uniformen trägt er Tag für Tag. Er hat sich seit dem Weltkrieg keinen einzigen neuen Anzug machen lassen. Er trägt seinen Soldatenrock. Die Schulterstücke sind abgetrennt, und was es sonst noch Silbernes gab auch. Der neue grüne Stehkragen läßt Platz für ein Plastron, doppelt geknotet und mit einer goldenen Nadel festgesteckt. Alltags ist es blaugrau oder grasgrün, sonntags aus weißem Pikee. Wie bei Goethe. Praktisch sei das, hat der Vater gesagt, so könnte er die alten Hemden mit durchgewetztem Kragen noch aufbrauchen.

7

Am liebsten hätte der Vater die Uniform mit allem Silber und unverändert weitergetragen und wäre bei seiner Schwadron geblieben. Doch «nach Versailles» war das nicht mehr möglich. Seitdem dient er zu Haus, steht um fünf Uhr morgens auf, inspiziert die Ställe, wo dann gerade gefüttert oder gemolken wird, ist um sechs beim Rapport, wenn der Inspektor die Arbeit zuteilt, reitet um sieben zum ersten Mal über die Felder und läßt sich mit Herr Rittmeister anreden. Nachmittags macht er die kleinere Runde und nimmt manchmal die Kinder mit. Was «Versailles» ist, haben Juli und Mucke noch nicht begriffen, irgendeine Schande jedenfalls.

Der Vater hat noch immer sein Rennreitergewicht. Oft ist er so mager, daß die alte Uniform schlottert. Er arbeitet besessen und schläft wenig. Manchmal ist er so nervös, daß es in seinem dünnhäutigen Gesicht zuckt und die Zornesader auf der Stirn über der Nasenwurzel schon beim geringsten Anlaß anschwillt.

Er habe Sorgen und viele Schulden, hat er zu Mucke gesagt, die ihm im Ankleidezimmer Gesellschaft leisten darf. Sie sitzt mit hochgezogenen Knien auf der breiten Fensterbank, die von der darunterliegenden Heizung angenehm erwärmt ist. Der Vater liegt in der Badewanne. Jetzt darf sie auch mal etwas fragen, natürlich nichts, was ihn ungeduldig oder ärgerlich machen könnte. So fragt sie ihn nach dem Krieg und wie er mit Nickel, dem Panjepferd, aus Rußland zurückgekehrt ist. Seltsamerweise spricht er gern von dieser Zeit, obwohl er vor Verdun verschüttet und zweimal verwundet wurde und in Rußland beinahe erfroren wäre.

Dann kommt Hermann, mit ihm war der Vater schon während des Krieges zusammen. Hermann bleibt in der Tür stehen, ergreift das dicke weiße Badelaken und wartet.

Was gibt's? fragt der Vater, der noch immer im Wasser liegt. Hermann räuspert sich und berichtet erst langsam, dann immer schneller von allen Scheußlichkeiten, die im Hause hinter dem Rücken des Herrn Rittmeister passieren. Für die Zicke, wie er jetzt die Dame aus dem Baltikum nennt, hat er nur Hohn übrig. Die Köchin, die nicht kochen kann, verachtet er, und wer sonst noch im Haus wohnt, vom Vikar angefangen bis zu den Stubenmädchen, den Gartenlehrlingen, den Eleven, der Sekretärin – alle taugen in seinen Augen nichts, absolut nichts. Nur den Inspektor Wierczek läßt er gelten, der sei tüchtig, der hat gedient, auf den sei Verlaß. Und auf Hermann natürlich, sagt der Vater und steigt nun endlich aus der Wanne, läßt sich das Badetuch reichen und den Rücken rubbeln.

8

Die Kinder sollen arbeiten lernen, hat der Vater beschlossen, wozu sind Ferien da? Juli muß um fünf im Kuhstall antreten, Mucke zieht um sechs mit den Frauen und ein paar größeren Kindern aufs Feld: Rüben verziehen, Distelstechen, Flachsraufen, je nachdem, was dran ist. Mittags ist sie zu müde zum Essen. Nachmittags ist frei. Sechsundsechzig Pfennige hat sie an einem Tag verdient, elf Pfennige die Stunde. Ihr erstes Geld.

Die Frauen arbeiten im Akkord. Wer die meisten Kinder zum Helfen mitbringt, hat Glück, schafft am meisten. Mucke hilft der alten Frau Galuschka. Der tut der Rücken vom Bücken so weh, daß sie sich alle paar Minuten aufrichten und mit den Händen ihr Kreuz stützen muß. O Jesusche Chohanne, murmelt sie. Mucke richtet sich auch auf, weil ihr Rücken schmerzt. So kommen sie nur langsam voran. Aber die alte Frau Galuschka bekommt Sonderlohn, da macht es nicht so viel, wenn sie beide immer wieder stehenbleiben und sich das Kreuz massieren. Bei uns geht es gerecht zu, hat der Vater abends gesagt, als er Mucke die sechsundsechzig Pfennige aus seinem Portemonnaie abzählte.

In diesen Ferien dürfen sie zum ersten Mal mit dem Vater in den Wald reiten. Juli sitzt auf dem Scheckpony Felix, das der Vater halbverhungert von einem Wanderzirkus gekauft hat. Felix kann noch immer einige Kunststücke, zum Beispiel auf den Hinterbeinen Treppen hinauflaufen; hinunter geht er nur ganz vorsichtig auf allen vieren. Vor allem aber kann er Juli jederzeit abwerfen oder – sogar im

Galopp – ins Bein beißen. Doch Juli trägt die brettsteifen gelbweißen Lederhosen, die mal dem Kutscher gehört haben, nun aber nach viel zu heißer Wäsche nur noch Kindern passen. Pferdezähne dringen durch das dicke Leder kaum durch.

An das Herunterfallen ist Juli gewöhnt, zweiunddreißigmal an einem Tag ist sein Rekord. Mucke will ihn da nicht einholen. Sie fällt auch von größerer Höhe, weil sie die braune große Stute Sorge reitet. Sorge hat zwar gebrannte Sehnen und deshalb krumme Vorderbeine, doch sie bekommt jedes Jahr noch ein Fohlen und rast deshalb auf dem Nachhauseweg immer in den Stall. Da hilft alles nichts, man muß sich in der Mähne festhalten, vornüber auf den Hals beugen und Sorge laufen lassen. Das ist sogar sehr schön, wenn es nicht gerade über Kopfsteinpflaster geht, daß die Hufeisen Funken schlagen. Hinterher sorgt sich der Vater um die Pferdebeine und kühlt sie mit feuchten Wickeln oder stellt Sorge einfach in den Teich vor dem Stall, in dem es von Blutegeln wimmelt. Ob Mucke bis zum Schluß im Sattel geblieben ist oder eine Viertelstunde später zu Fuß eintrifft, kümmert ihn wenig. Die Kinder reiten ohne Bügel, erklärt er der Dame, da passiert nicht viel. Sie fliegen einfach runter, sie können gar nicht hängenbleiben.

Mut muß man eben haben. Und wenn man keinen hat, muß man so tun, als sei man mutig. Das höchste Lob, das der Vater zu vergeben hat, heißt tapfer. Tapfer ist man schon, wenn man nicht heult, obwohl die Jodtinktur auf dem blutigen Knie wie Feuer brennt. Tapfer schluckt man nach dem Essen Lebertran, und tapfer muß man mit Enttäuschungen fertig werden, die fast schon an der Tagesordnung sind. Nicht mitzudürfen ist so eine Enttäuschung. Eigentlich möchte Mucke laut heulen, aber sie hat gelernt, unhörbar fast, nach innen zu schluchzen, damit der Vater bemerkt, wie tapfer sie sein kann.

9

Juli hat einen Freund. Es ist ausgerechnet Erwin Marek, der in Muckes Klasse geht, weil er ein paarmal sitzengeblieben ist. Vor Erwin fürchtet sie sich. Er hat einem Frosch die Beine ausgerissen und den zappelnden Körper vor den Trecker geworfen. Er nimmt Nester aus und trinkt ein Ei nach dem anderen mit einem Strohhalm leer. In der Schule kriegt er die meiste Senge. Er ärgert alle. Mal zieht er plötzlich einen Backenzahn aus der Tasche und bietet ihn an wie ein Bonbon, mal spreizt er seine Finger dicht vor Muckes Augen, damit sie sich vor der blutig gekratzten Krätze ekelt. Einmal hat er eine Schweineblase mitgebracht und unter der Bank die unanständigsten Töne hören lassen. Kein Tag vergeht, ohne daß Marek verdroschen wird. Es macht ihm nichts, er ist daran gewöhnt.

Marek hat einundzwanzig Geschwister, einige sind die Kinder von seinen älteren Schwestern. Der Vater liegt meistens betrunken im Bett. Die Mutter, zahnlos und kahl unter dem schwarzen Kopftuch, brennt in der Waschküche Kartoffelschnaps. Das jüngste Kind heißt Hindenburg, nach seinem Paten. Es spielt wie die anderen kleinen Geschwister ohne Unterhosen, nur mit einem Kittel bekleidet, im matschigen Hof, wo die Hühner tiefe Kuhlen gescharrt haben, in denen sie ihr Staubbad nehmen.

Mareks sind eine Plage, hat der Vater gesagt, doch Plagen muß man ertragen. Was sollte er schließlich machen? Mareks wegjagen aus dem Haus, in dem sie umsonst wohnen? Oder sie anzeigen, weil Schnapsbrennen verboten ist?

Ein paar von den Kindern werden ganz ordentlich, meint der Vater, die anderen haben von Anfang an zu viel Schnaps und zu viel Prügel bekommen.

Kolle jedenfalls, der älteste Sohn, ist ein zuverlässiger Ackerkutscher, der seine Pferde pflegt, gut füttert und nur, wenn es sein muß, den Mund zum Reden öffnet.

Juli bewundert Erwin Marek. Seitdem er hinter ihm herläuft und zuguckt, wie Marek mit seiner Schleuder, die er aus einer Astgabel, einem Weckring und einem Stück Bindfaden gebastelt hat, Spatzen totschießt oder wie er Drahtschlingen knotet und damit wilde Kaninchen fängt, die im Eishaus zu Dutzenden leben, seitdem spielt er nur noch selten mit Mucke. Es macht ihm jetzt Spaß, sie mit toten Mäusen zu erschrecken. Manchmal klappt er auch blitzschnell sein Taschenmesser auf, genauso wie Marek.

Sie soll mitkommen zum Schuppen hinter dem Kuhstall. Marek will ihr etwas zeigen; doch er lacht so gemein, daß sie schnell wegläuft. Sie weiß, daß der Schweizer den Bullen mit dem Eisenring in der Nase hinter den Schuppen führt. Das mußt du gesehen haben, schreit Juli hinter ihr her, aber auch er lacht jetzt gemein.

Dahinter ist der Verschlag, in dem die Kühe besprungen werden, sagt der Vater. Du weißt doch, damit sie Kälber bekommen.

Sie wird sich das mal ansehen, aber allein.

An einem Nachmittag brennt das Schwanenhaus ab, und der alte Schwan versucht vergeblich, mit seinen gestutzten Schwingen über den Teich zu fliegen. Natürlich Marek. Juli behauptet jedoch, er sei es gewesen. Vater spricht drei Tage lang kein Wort mit ihm. Er will ihn auch am Eßtisch nicht sehen. Brandstifter, zischt Hermann, den Poßeck hättest du verdient, Schnicke, bis du nicht mehr sitzen kannst.

Juli geht im Haus herum, als gehöre er nicht hierher. Nachts ist sein Bett naß, und ausgerechnet der Vater merkt es, als er um Mitternacht – wie so oft – nach dem Rechten sieht. Er wartet schweigend, man hört nur seinen Kiefer knacken, bis Juli sein Bettlaken ins Badezimmer gebracht hat und mit dem Badetuch zurückkommt. Juli wickelt sich ein und kriecht unter sein Plumeau, trotzdem hört man ihn schluchzen.

10

Der Vater hat sich eine braune Uniform gekauft. Alle finden sie häßlich, er selbst auch. Doch man muß mitmachen, wenn man das Schlimmste verhüten will, sagt er. Erst der «Stahlhelm», jetzt die SA. Am liebsten ginge er zur Wehrmacht. Er ist viel unterwegs, ohne Uniform. Ehrenämter machen viel Arbeit und viel Ärger. Manchmal dürfen die Kinder mitfahren. Sie sollen pfeifen oder singen, damit er nicht einschläft in seinem klapprigen DKW. Die Straßen sind schmal. Wenn ihnen ein Fahrzeug entgegenkommt, was selten ist, müssen sie auf die Sommerbahn, den sandigen Streifen daneben, ausweichen. Sie zählen Rehe, auf Julis Seite sind immer mehr als auf Muckes Seite. Sie spielen, ich sehe was, was du nicht siehst. Auch da ist Juli immer besser, nach zwei, drei Fragen weiß er bereits, was Mucke gemeint hat.

Unterwegs kauft der Vater Semmeln und Kalbasse, Knoblauchwurst, die zu Haus nie auf den Tisch kommt. Während er im Gasthaus beim Bürgermeister oder in der Schule mit jemandem spricht, bleiben die Kinder im Auto sitzen. Oft schlafen sie ein. Dafür müssen sie auf dem Rückweg wach sein und «Lieb Vaterland magst ruhig sein», «Ein feste Burg ist unser Gott» oder «Ein Jäger aus Kurpfalz» singen.

11

Der Großvater, der Vater der Mutter, ist zu Besuch. Er ist doppelt so groß und dreimal so breit wie der Vater, raucht Zigarren, trägt einen weißen Spitzbart und graue Stoppeln auf den Wangen, auf die er unbedingt geküßt werden möchte. Für den Großvater strengen sich alle mächtig an. Hermann hat das Silber geputzt und zum

Servieren sogar weiße Handschuhe angezogen, damit man seinen schwarzen Daumennagel nicht sieht. Es gibt zu essen wie sonst nur zu Weihnachten: Rehrücken und Preiselbeeren, Vanilleeis mit heißer Schokoladensauce.

Für den Großvater haben sie das ägyptische Zimmer hergerichtet, das nach dem kleinen Krokodil so heißt. Dort steht das größte Bett im Haus; es hat Messingkugeln an den Pfosten und eine Roßhaarmatratze ohne Kuhle, was in diesem Haus selten ist. Das Krokodil hängt von der Decke herunter, sein Bauch ist etwas heller als der schuppige Rücken. Zum Fürchten ist es nicht, dafür ist es zu klein. Außerdem lacht es mit sämtlichen spitzen Zähnen. Zum Krokodil gehören auch die Stiche an den Wänden, auf denen Palmen, Pyramiden, Kamele und Esel zu sehen sind. Ferner baumeln in der Ecke eine neunschwänzige Peitsche und ein perlenbestickter Gürtel.

Der Großvater hat für Ägypten nicht viel übrig. Niemand kann genau sagen, wer eigentlich dort gewesen ist und den nutzlosen Plunder mitgebracht hat. Einer der Großonkel wird es gewesen sein.

Und nun hängt das Zeug hier, sagt der Großvater zur Mutter, und du wagst es nicht wegzuschmeißen, obwohl du es scheußlich findest.

Die Mutter hat rote Backen. Endlich trägt sie mal wieder das blaue Kleid mit dem Spitzenkragen. Doch sie hustet, deshalb wird sie der Großvater auch mitnehmen. Fort aus diesem Nebelloch, sagt er, bei uns ist es wärmer. Vorerst ist er aber noch da, und der Vater hat, so scheint es, einige Prüfungen zu bestehen. Die Stimmen aus Vaters Zimmer sind laut.

Ich versteh dich nicht, sagt der Großvater, als er herauskommt, aber ich hab dich gern. Er schlägt dem Vater auf die Schulter, daß der beinahe in die Knie geht.

Sie fahren mit dem Jagdwagen über die Felder. Der Großvater läßt immer wieder halten, was die Pferde gar nicht mögen, steigt aus, reibt Gerste zwischen den Fingern, riecht am Weizen. Dann schätzt er: Mehr als vierundzwanzig wird dieser Schlag nicht bringen. Bei ihm steht offenbar alles viel besser auf dem Halm. Zuweilen findet er auch etwas zu loben: Ganz ordentlich, die Rüben auf dem Lehm! Auf seinen warmen Böden am Fuß des Zobten züchtet er Grassamen, Rapssorten, winterharten Weizen, Mohn und Spinat. Er probiert ständig etwas Neues und hat Erfolg.

Dafür hat der Vater schwarzweiße Ostfriesenkühe mit einem Stammbaum bis zur Arche Noah und einem Bullen namens Edler, der auf der Landwirtschaftsausstellung in Leipzig den ersten Preis gewonnen hat und als Vererber gar nicht mit Geld zu bezahlen ist.

Leider bricht auf dem Rückweg die hintere Wagenachse. Das letzte Stück müssen alle zu Fuß gehen. Es ist eben alles ein bißchen unsolide und altersschwach bei euch, sagt der Großvater – außer den Rindern natürlich.

12

Früher muß alles viel schöner gewesen sein. Von früher reden Vaters jüngere Brüder, wenn sie zu den Sommerferien und zur Jagd nach Weihnachten kommen. Sie schlendern im Park umher und stellen fest, daß der Tennisplatz Schafswiese geworden, die Hochzeitslaube verrostet ist und das Kinderhaus als Kükenstall mißbraucht wird. Ein Tudorschlößchen als Kükenstall! Sie finden die Parkwege verunkrautet, den Kahn leck und halb im Schlamm versunken und die Kegelbahn als Schuppen für die Obststeigen benutzt. Sie entdecken in der Sattelkammer verschimmeltes Geschirr und sind empört, daß man das Lederzeug für den Viererzug verkommen läßt.

Wir werden nie mehr mit dem Viererzug fahren, sagt der Vater, der sich natürlich auch noch an die Rappen erinnert. Er brauche Geld und müsse sparen, sagt er, eisern, eisern. Deshalb hat er die besten Pferde verkauft, die schönen selbstgezogenen Schimmel, die halbe Schafherde, und vielleicht muß er sogar Land verkaufen. Dafür gibt es neue Maschinen zu besichtigen, einen Dampfpflug, zwei Trecker mit Welgerwagen, einen Rübenroder: Im Herbst wird die Darre, die Trocknungsanlage, fertig sein.

Doch Maschinen interessieren die Brüder nicht. Sie gehen in den Pferdestall: nur noch Krücken, der alte Schimmelhengst, die krummbeinige Sorge und weitere Veteranen, dazu die Fohlen, mit denen man noch nichts anfangen kann.

Wann früher war, weiß man nicht so genau, als Großvater noch lebte, vermutlich. Sie kann sich kaum noch an ihn erinnern. Aber es gibt ein Foto von ihm: Da liegt er in seinem Anzug mit Weste und Uhrkette im Gras, und nackte Enkel sitzen auf seinem Bauch. Er lächelt glücklich. Crusoe sitzt vorwurfsvoll und wohl ein bißchen eifersüchtig daneben. Einmal hat Mucke den Großvater ganz anders liegen sehen: auf dem Teppich in seinem Zimmer. Er war ohnmächtig geworden. Hermann kam zu Hilfe.

Von Großvater sprechen alle wie von einem Heiligen. Ob er wirklich nur Gutes getan hat? Jedenfalls ist das Geld, das er besaß, nun weg, er hat es verborgt an Feunde, die in Not waren, und es nicht wiederbekommen. Es gab eine Inflation und viele Krisen, da mußte er helfen, so lange er konnte. Nun hat Vater das Erbe übernommen, einen großen Schuldenberg, den er mit allen Kräften abzutragen versucht.

Früher war auf jeden Fall vor Versailles. Wer zu dieser Zeit noch nicht gelebt hat, kann nicht mitreden.

Was ist Versailles? fragt Mucke.

Der Vater zeigt ihr ein Bild: Da sitzen und stehen Männer in einem Spiegelsaal um einen langen Tisch und unterschreiben etwas.

Sie versteht immer noch nicht, was das Bild mit dem Unglück zu tun hat, das nach Versailles über die Welt gekommen ist.

Vaters Brüder gehen auf die Pirsch. Rehböcke gibt es genug, zwar sind ihre Gehörne auch nicht mehr so stark und gut geperlt wie einst, aber sie sind jagdbar. Der Vater hat keine Zeit für Waidmannsheil, doch er wünscht es seinen Brüdern, während er sich an seine Buchführung macht, die doppelte, und Soll und Haben gegeneinander aufrechnet.

Für die Brüder beginnt der Tag erst um zehn. Sie schlafen lange und bekommen trotzdem noch Frühstück, sogar Toast und zwei Eier wie am Sonntag.

Leistet ihnen Gesellschaft! heißt es. Also sehen Juli und Mucke zu, wie die Brüder frühstücken, lassen sich ausfragen oder necken und lachen mit, auch wenn sie nicht verstehen, warum Vaters Brüder so lustig sind.

Manchmal werden sie zum Ziegelteich mitgenommen. Baden ist das einzige, was man bei der Hitze tun kann, sagt einer der Brüder. Die Sonne sticht, die Mücken auch, und das Wasser in den flachen Lehmkuhlen ist warm wie in der Badewanne. Aber der tiefe Teich, der ehemalige Schacht, ist eiskalt. Mucke wäre fast gestorben vor Schreck, als einer der Brüder sie in hohem Bogen hineinwarf. Sie schluckte Wasser und schlug mit Händen und Füßen um sich, bis zwei Arme sie endlich festhielten und an Land zogen.

Ich dachte, du könntest schwimmen, sagte der Onkel und schüttelte sich wie ein Hund, der aus dem Wasser kommt.

13

Ob irgend jemand sie vermissen würde, wenn sie fort wären? überlegen Juli und Mucke. Alle sind so beschäftigt, haben ihre Sorgen, ihre Arbeit. Keiner scheint ernsthaft interessiert an den Kindern, die oft stören, kränkeln, lästig sind. Gelegentlich kümmert sich der Vater um sie. Kümmern? Doch es bekümmert ihn auch, es ist keineswegs die reine Freude. Er wünscht sich gewiß ganz andere Kinder. Dann wieder scheint er tagelang vergessen zu haben, daß es Juli und Mucke überhaupt gibt. Er hat keine Zeit, anderes im Sinn und ist so gereizt, daß sie sich nicht in seine Nähe wagen.

Sie haben sich im Billardzimmer eine Bude gebaut und mit Kissen und Decken ausgepolstert. Jetzt sammeln sie Schätze. Es gibt ja genug blaue Gläser im Haus, niemand merkt, wenn sie aus einem der unbenutzten Zimmer verschwinden. Sie finden auch die türkischen Messingtabletts schön, die buntbemalten Tonpfeifen und den seidenen Gebetsteppich, den sie mit der Spitze, dem Himmelsfenster, nach Osten legen wie die Moslems. Mucke schleppt nun auch ihre Sammlung von Zigaretten- und Konfektschachteln herbei, in denen sie Oblatenbilder aufbewahrt, Satinschleifen oder kleine Steine. Keiner darf in ihre Bude. Sie sitzen unbequem im Schneidersitz und unterhalten sich in ihrer Geheimsprache.

Schwierig ist es, Eßbares heranzuschaffen. Alles ist weggeschlossen, nicht einmal Zwieback und trockenes Brot liegen herum. Der Kloschlüssel, der in das Schloß der Speisekammer paßte, ist leider futsch. Doch Mucke hat einen schmalen Kopf; er läßt sich gerade noch durch die Gitterstäbe zwängen, das übrige ist mager, das rutscht leicht durch. Sie steigt also in die Speisekammer ein, während alle anderen sich zur Mittagsruhe zurückgezogen haben oder draußen bei der Arbeit sind. Juli steht vor dem Fenster, nimmt entgegen, was sie ihm reicht, und warnt, wenn jemand kommt. So haben sie nun in ihrer orientalischen Höhle einen Vorrat an Mandeln, Rosinen, Apfelringen und Backpflaumen. Aber was wäre, wenn Mucke in der Speisekammer erwischt würde? Sie würde einfach in die große blaue Schüssel voll Sauermilch tauchen oder im Mauseloch hinter dem Fliegenschrank verschwinden. In höchster Not geschehen Wunder – oder Katastrophen.

Wunder hat Mucke schon erlebt. Zu erklären ist es jedenfalls nicht, wieso das rote Motorrad von einem der Onkel weiterhin knatternd ums Rondell fährt, obwohl sie es, beim Versuch sich draufzusetzen, umgeworfen hat. Das Benzin oder jedenfalls etwas anderes Nasses floß aus, und Mucke lief, so schnell sie konnte, weg und versteckte sich einen halben Tag lang im Eishaus, wo der Marder seinen Bau hat und wilde Kaninchen und anderes Getier herumhuschen. Doch niemand hatte sie gesucht und niemand hatte bemerkt, daß sie zum Essen nicht da war, und erst recht hatte niemand angenommen, Mucke könnte das Motorrad kaputtgemacht haben.

Wenn Juli und Mucke in ihrer Bude sitzen und sich vorstellen, was sie später einmal machen werden, sind sie sich einig: vor allen Dingen die Zicke wegschicken, den Vikar und vielleicht auch die Sekretärin, falls die dann überhaupt noch da ist. Sekretärinnen kommen und gehen, sie langweilen sich auf dem Land. Doch manchmal sind sie sehr lästig. Sie kapieren offenbar nichts. Bis spät in die Nacht diktiert der Vater Briefe und erklärt Rechnungsbücher. Er vergißt darüber ganz und gar, daß er versprochen hatte, «Sigismund Rüstig» weiter vorzulesen. Ja richtig: Sigismund Rüstigs Insel werden sie suchen. Sie werden sich ein Schiff kaufen, mit Nägeln und Handwerkszeug beladen und zur Palmeninsel fahren.

Wenn ihnen die Bude zu eng wird, klettern sie auf den Billardtisch und bauen dort ihre Figürchen auf. Juli hat eine kleine braune Kommode geerbt, in deren flachen

Schubladen ganze Regimenter von Zinnsoldaten aufbewahrt werden. Es dauert Stunden, bis sie auf dem grünverschossenen Filz des Billardtisches aufmarschiert sind. Vorneweg natürlich die Kavallerie. Aber Juli liebt die Artillerie am meisten. Zu ihr gehören Kanonen, die man mit Erbsen laden kann. Die Infanterie ist dieser Kanonade nicht gewachsen, reihenweise kippen die Soldaten um.

Mucke kann sich einfach nicht merken, wie der Feind aussieht. Bei den Franzosen ist es allerdings einfach: Rote Hosen tragen die Franzosen. Aber Juli hat auch österreichische, englische und russische Feinde, die zum Verwechseln ähnlich sind. Verglichen mit den vielen preußischen Regimentern sind es viel zu wenige, um einigermaßen fair zu kämpfen. Deshalb erklärt Juli kurzerhand ein paar unansehnliche Infanterieregimenter zu Feinden und kartätscht sie mit Erbsen rücksichtslos zusammen.

Zwischen den Schlachten dürfen die Soldaten zur Erholung in Muckes Dorf. Sie hat auf der anderen Hälfte des Billardtisches aus Kreppapier, Schuhkartons, Feldsteinen und Moos eine liebliche Hügellandschaft gebaut. Ein Spiegel ist der See, aus dem schwarzgefleckte Kühe saufen. Schafe und Pferde weiden auf ordentlich eingezäunten Koppeln. Die Dorfstraße säumen Fachwerkhäuser und kugelige Linden. Die Frauen haben entweder rote oder blaue Röcke an, eine Wespentaille und schwarze Mieder über weißen Blusen. Die Männer tragen flache Hüte und dunkelbraune knielange Röcke. So haben es jedenfalls die Heimarbeiter im Erzgebirge, die diese Figürchen gedrechselt und bemalt haben, beschlossen. Jedes Jahr zu Weihnachten bekommt Mucke von Tante Therese eine neue Spanschachtel voller Holzfigürchen. Wenn sie

Glück hat, ist auch ein winziger Leiterwagen dabei, vor den man Pferde spannen kann.

Juli wünscht sich meistens zu Weihnachten einzelne Figuren, zum Beispiel einen General Ziethen, der ihm verlorenging, oder einen neuen Fridericus Rex. Dem alten ist sein Krückstock abgebrochen; nun sieht er, krumm wie er ist, mit seiner vorgestreckten Hand wie ein Bettler aus.

Mit den Zinnsoldaten hat schon der Großvater gespielt. Sie sind kostbar. Deshalb kann man nicht alles mit ihnen machen, was man will. Man darf sie weder verschenken noch herumschmeißen. Der Vater spielt selber noch gern mit ihnen. Manchmal legt er sich halb auf den Billardtisch und baut mit Juli «Hohenfriedberg» oder «Roßbach» auf, Schlachten, in denen Friedrichs Soldaten in letzter Not immer noch siegten. Aufräumen ist jedesmal mühsam. Die Soldaten müssen der Reihe nach in ihre Regimentsschublade gelegt und mit grünen Filztüchern zugedeckt werden.

Ähnlich sorgfältig müssen Juli und Mucke auch mit den Zootieren umgehen, die eigentlich Vaters Brüdern gehören. Sie werden in großen Kisten mit Messingschlössern aufbewahrt und füllen zusammen mit den Affen- und Raubtierhäusern, den hohen Gittern für Giraffen und Elefanten, dem Eisbärzwinger und dem Kassenhaus einen ganzen Wandschrank aus.

Juli und Mucke spielen am liebsten Ausbruch der Tiere: Eines Nachts öffnet Fips, der Affe, die Käfige der Löwen, die Gatter der Zebras, Antilopen, Gnus und Wisente, die Zwinger der Dachse, Wölfe und Schakale – er befreit die gesamte Menagerie. Und nun ziehen die Tiere aus, versetzen die Menschen in Furcht und Schrecken und suchen neue Jagdgründe. Das wäre weiter nicht schwierig, wenn sich alle von Hafer und Klee ernährten. Aber Tiger fressen nun einmal keinen Hafer und Hyänen keinen Klee.

Jedesmal sind sich Juli und Mucke uneinig darüber, was für die Tiere besser ist: zurück in die Gefangenschaft oder in der Freiheit verhungern. Die weite Seereise nach Afrika würden sie ja wohl kaum überstehen.

Der Sommer wäre bestimmt das Beste vom Jahr, wenn nicht die Tanten, die alten Kameraden und die Ferienkinder kämen. Alle wollen sich erholen, und das heißt, sie müssen viel essen. In den Eßzimmertisch werden noch zwei Extrabretter geschoben. Jetzt können dreißig Personen bequem sitzen und essen. Seid nett zu ihnen – das hören Juli und Mucke nun den ganzen Tag. Sie lassen sich abküssen, wobei Tante Klara mit ihren Bartstoppeln kitzelt und die Kinderköpfe so fest an ihren Bauch drückt, daß man kaum Luft bekommt.

Einer der alten Kameraden kommt regelmäßig im August mit dem Fahrrad aus Berlin. Er ist so dünn und eingetrocknet, daß er auch auf einem Kinderstuhl Platz hätte. Jedesmal führt er Juli und Mucke vor, wie man einen Kopfstand macht, und ist enttäuscht, daß sie das ein Jahr später immer noch nicht können. Mit dem Fahrrad aus Berlin – er muß dort Weihnachten weggefahren sein, um im Sommer hier einzutreffen. Sie lachen über seine Bundhosen aus feldgrauem Stoff und die selbstgestrickten giftgrünen Kniestrümpfe, die an seinen steckendürren Waden immer wieder runterrutschen.

Ein anderer alter Kamerad löffelt die Marmelade auf einen Teller, tunkt den Toast hinein und verputzt im Nu zwei volle Gelee-Schälchen. Er darf das. Er darf auch beim Essen mit dem Messer fuchteln, wenn er etwas Aufregendes erzählt, nur Hermann sieht ihn mißbilligend an.

Ein Stammgast soll eine silberne Schädeldecke haben, doch die sieht man nicht, weil er eine schwarzbraune Perücke trägt. Nach jedem zweiten Satz sagt er traurig: das war einmal. Es kommen aber auch muntere alte Kameraden. Sie scherzen mit den Sekretärinnen und sogar mit der Hausdame aus dem Baltikum.

Wenn einer zum erstenmal zu Besuch da ist, müssen die Kinder ihm «alles zeigen». Denn dazu hat sonst niemand Zeit. So zeigen sie denn zuerst die schöne Seite des Hauses mit der Löwentreppe und dem Geranienbalkon, der nur zur Zierde da ist; die drei übereinanderliegenden Hallen, wo man nur zu flüstern braucht, und schon hört man es in drei Stockwerken; die Klos – auf jedem Flur eins –, zu denen man auf roten Kokosläufern mindestens zwanzig Meter in einem schmalen Gang laufen muß, die dunklen Korridore, verstellt mit Schränken, Kommoden, Truhen, die alle vollgepackt sind, nur weiß keiner mehr recht, womit. Die halbleeren oder vollgestopften Zimmer, die niemand braucht, muß man nicht unbedingt zeigen.

Wer gut zu Fuß ist, darf den Turm besteigen. Da pfeift der Wind zwar durch die zerbrochenen Fensterscheiben, aber die Aussicht lohnt. Im Osten sind die Apfelchaussee, die zum Bahnhof führt, die Ziegelei und die «Rokitta», ein Wäldchen, in dem eine Fasanerie verfällt. Im Norden, von Thujas umsäumt, der Friedhof, den die schnurgerade Ebereschenallee rechts liegenläßt, sie endet in der «Brzeszine», auch wieder ein Wäldchen, das der Ururgroßvater im trockengelegten Sumpf angepflanzt hat.

Dahinter ist der Damm und danach gleich die Grenze zu Polen.

Jeder weiß, daß auf diesem Turm erst wieder eine Fahne wehen wird, wenn das Reichthaler Ländchen deutsch ist. Man kann durch rote, blaue und grünverglaste Bleifenster schauen, dann sieht der Osten noch schöner aus. Dort, ja dort ist die Quelle der Pluskatz, seit Versailles in Polen, der Urgroßvater hat sie von einer Ziegelmauer einfassen lassen.

Wir gehen da immer hin, nach Polen, sagen die Kinder ziemlich angeberisch, wir springen einfach über den Bach. Natürlich ist das gefährlich. Das beweist ja schon die Geschichte von der Kuh: Die haben die Polen geschlachtet. Morgens, als der Melker kam, lagen nur noch Kopf und Fell und die Därme und Klauen auf der zertrampelten Pluskatzweide.

Das Zinkblech auf der Plattform des Turms, das im Sommer glühend heiß wird, ist mit Spatzenkot bedeckt; man rutscht leicht aus. Aber man könnte nun auch wieder vorsichtig und rückwärts die enge Treppe hinunterklettern. Die anderen Himmelsrichtungen haben ohnehin keine Sensation zu bieten: Felder, Felder; ein einziger Weizenschlag ist zweihundert Morgen groß. Wo sie beginnen oder aufhören, weiß man gar nicht.

Der Turm des steinreichen Ururgroßvaters. Im Grunde sind die Kinder stolz auf ihn. Man sieht ihn schon aus acht Kilometer Entfernung. Natürlich hat man von hier oben auch eine Übersicht über das Dorf. Lüdkes Gasthaus ist auf jeden Fall das Wichtigste, dort gibt es alles zu kaufen, alles: Bratheringe, die Juli so gern ißt, und rosaweiß gestreifte Zuckerstangen. Überhaupt die Bonbongläser!

Hat jemand jemals solche riesigen Honigbonbons gesehen? Und die sauren Roten mit dem Blumensträußchen auf weißem Grund! Außerdem hält der Postbus bei Lüdke, und einmal im Jahr steht dort auch das Kettenkarussell.

Die Tanten meinen, die katholische Holzschindelkirche sei das einzige Besichtigenswerte im Dorf, wegen der Leidensstationen und der Schnitzereien am Altar. Doch dazu braucht man ja nicht auf den Turm zu steigen. Von oben sieht die graue Holzkirche wie ein Schuppen aus. Das hochgiebelige weiße Pfarrhaus daneben hat einen kleinen Park und eine Esche, in deren fast abgestorbener Krone ein Storchennest ist.

Wie passend, mokieren sich die Tanten, ausgerechnet beim katholischen Pfarrer!

Den Schulen – zwei sind es, eine evangelische und eine katholische – sieht man an, daß sie Rivalen sind. Die Lehrer haben die schönsten Gärten, aber dazwischen ist Niemandsland, Disteln und andere Unkräuter suchen immer wieder die Mustergärten heim. Die katholische Kirche leidet unter Schülermangel, denn der Vater stellt keine Katholiken ein, prinzipiell nicht. Wenn in der einzigen Klasse weniger als zwanzig sind, muß der Lehrer Pflegekinder aufnehmen, sonst wird die Schule geschlossen.

Wer einigermaßen ordentlich ist im Dorf, hat einen Bretterzaun, zumindest Staketen, an denen im Sommer Stockrosen und Sonnenblumen angebunden werden. Es gibt auch «polnische Wirtschaften» ohne Vorgärten. Die Besitzer sind dann meist katholisch, und die Kinder haben Läuse. Aber Läuse haben auch die evangelischen Kinder, sogar Waisenhäuser waren öfter schon verlaust, obwohl es dort eine Dusche gibt und die Kraschnitzer Schwestern ständig weiße gestärkte Hauben tragen.

Das Waisenhaus ist eine Stiftung der frommen Ururgroßmutter. Es bekommt Kartoffeln, Korn, Milch und alles, was nötig ist, vom Gut. Die Großmutter, die auf dem Nachbargut wohnt, ist Vormund von sämtlichen Waisenkindern. Das wäre nicht besonders schwierig, denn die Kraschnitzer Schwestern sorgen ja für sie, und die Oberschwester Marie wird von allen Kindern Muttel genannt. Doch die Großmutter muß für die Schulabgänger Lehrstellen besorgen. Sie kennt fast jeden Handwerker im Kreis und weiß, wer «gut» ist als Lehrherr.

Manche Waisenkinder sind einfach nicht unterzubringen, weil jedermann weiß, daß ihr Vater ein Saufkopp ist. Es gibt in dieser Gegend viele Saufköppe als Väter und wenige richtige Waisenkinder. Wenn sich gar kein Lehrherr findet, lernen die Jungen erst mal in der Gärtnerei und wohnen im Schloß. Abends sitzen sie dann im Leute-Wohnzimmer neben der Küche auf dem grauen Sofa und stricken Strümpfe oder sticken Kreuzstich-Decken – für die Muttel im Waisenhaus, zu der sie jeden Sonntag Kaffee trinken gehen.

Einmal im Monat kommen die Waisen nach der Kirche zum Singen ins Schloß. Sie reihen sich in der unteren Halle der Größe nach auf. Mit viel Wasser haben sie die Haare straff nach hinten gekämmt. Sie singen «Geh aus mein Herz und suche Freud». Aber Freude macht es ihnen nicht und Juli und Mucke auch nicht, denn die müssen ihnen anschließend Plätzchen und Bonbons anbieten. Eine einzige Peinlichkeit. Peinlich ist es vor allem, wenn

Egon dabei ist und breit grinst. Mucke sitzt mit ihm auf einer Schulbank.

Interessiert das die alten Kameraden überhaupt? Vielleicht wollen sie lieber Kahn fahren auf dem Teich voller Entengrütze und Schilf, wobei einer mit einer Konservendose ständig Wasser schöpfen muß. Hier, von der Mitte des Teiches aus, sieht die tausendjährige Eiche besonders mächtig aus. Die Völkerwanderung soll sie schon erlebt haben. Ihr Stamm ist mit Ziegeln ausgemauert. An den dicken Ästen treibt sie nur noch wenige Blätter aus, doch Efeu begrünt sie neu.

Vorsicht, gehen Sie nicht nah heran! warnen die Kinder, in der Tausendjährigen ist ein Hornissennest. Das stimmt, sieben Stiche töten einen Erwachsenen.

Eine richtige Plage sind die Ferienkinder; die hat man den ganzen Tag auf dem Hals. Seid nett, seid nett, ja, ja. Sie kennen keine richtigen Spiele und natürlich auch nicht die Geheimsprache. Ritado finema koreda? Keine Ahnung haben sie. In den Höhlen auf der Halbinsel im alten Burggraben ekeln sie sich vor Tausendfüßlern und Ohrwürmern. Beim Karnickelbegräbnis lachen sie, als Mucke «Jesus meine Zuversicht» singt, während sie den blumengeschmückten Schuhkarton in die Grube senkt. Die Albino-Karnickel, die lebendigen natürlich, knutschen sie vor lauter Liebe wie Plüschtiere. Vor Pferden fürchten sie sich. Trotzdem müssen die Ferienkinder überall mitgeschleppt werden. Kümmert ihr euch auch? Ja, ja, sehr sogar!

Glücklicherweise bleibt kein Ferienkind länger als drei Wochen. Zum Schluß werden die Ferienkinder auf der Kornwaage zwischen den Weizenbergen des Schüttbodens gewogen. Zehn Pfund haben sie mindestens zugenommen. Juli und Mucke bringen sie zum Bahnhof. Auf dem ganzen Rückweg singen sie; jetzt können sie wieder den Vikar ärgern, das Treppengeländer hinunterrutschen oder aus der Speisekammer klauen. Denn nicht nur nett, vorbildlich sollten sie auch noch sein.

14

Vorbildlich, das ist nun wirklich eine große Last. Meist bedeutet es Stillsein, Sichzusammennehmen, Nichtheulen. Das geht noch. Aber Nichtlügen ist auch damit gemeint. Das fällt schwerer. Manche Leute muß man einfach belügen, damit man endlich das machen kann, was man möchte. Die Zicke zum Beispiel, sie hat es nicht anders verdient. Die Mutter dagegen belügt man, weil die Wahrheit ihr weh tun würde oder das Fragen niemals ein Ende hätte. Es ist einfach zu sagen, die Schule mache Spaß, der Lehrer sei freundlich, die Rechenaufgaben habe man längst gemacht. Man kann dann rasch weglaufen.

Wen man nie belügen würde, ist der Vater. Er würde sofort durchschauen, wenn etwas nicht stimmt. Einmal hat er Juli beim Lügen ertappt. Der Vater hat ihn nur angesehen mit diesen kalten blauen Augen, die er manchmal haben kann, und schon bekam Juli einen roten Kopf. Sie sind dann beide ins gelbe Zimmer gegangen. Vielleicht hat Juli in einem der tiefen Lehnstühle gesessen, vielleicht mußte er auch stehend anhören, was der Vater zu sagen hatte. Jedenfalls kam er mit zusammengebissenen Zähnen heraus; Mucke, die auf ihn gewartet hatte, übersah er.

Auf das Erntefest freuen sich alle wochenlang. Nach Feierabend sitzen die Frauen in der Gärtnerei und flechten meterlange Girlanden aus Buchsbaum, in die sie später Dahlien und Astern stecken, bevor damit die Ackerwagen behangen werden. Wer auf den mit Strohballen gepolsterten Wagen mitfahren will, muß etwas darstellen, zum Beispiel Hans im Glück, die Goldmarie oder den Herrn Oberinspektor, wie er nach Kartoffelkäfern sucht, was man allerdings nicht sofort erkennen kann.

Der Oberschweizer reitet auf seinem preisgekrönten «Edler» durchs Dorf, dem er einen Blumenkranz zwischen die Hörner gewunden hat. Der Schweinemeister Schwarzer hat sich als Clown verkleidet und führt den frischgewaschenen Zuchteber Paule wie ein Hündchen an der Kette. Die Ackerkutscher sitzen so fein wie nie mit blauen oder gelben Westen aus der Theatertruhe im Schloß auf ihren dicken blankgestriegelten Rössern. Die Erntekrone aus Kornähren, Eichenlaub und blauen Bändern überreichen die beiden jüngsten Frauen vom Gut; die bleiben natürlich mitten im Gedicht stecken, in dem die Verse mit schön und sehn oder mit Herrn und ehrn enden müssen.

Der Vater steht auf der Treppe, neben ihm der Oberinspektor, die Eleven, die Gutssekretärin, der Schüttbodenvogt und alle, die im Schloß wohnen, die Dame, die Köchin, die Küchen- und Stubenmädchen, sogar der Vikar und die Schlemmel und Juli und Mucke. Der Vater dankt allen, und er hält eine richtige Rede, bei der auch zum Schluß das geliebte Vaterland vorkommt.

Dann fährt der erste Wagen mit der Blaskapelle an, und alle Ackerpferde tun so, als seien sie feurige Streitrösser. Eine Ehrenrunde ums Rondell, dann geht es zum Sportplatz. Der Vater folgt zu Fuß. Zum Erntefest trägt er Bratenrock und Zylinder – auch aus der Kostümtruhe – und als Bürgermeister einen langen Stock mit Silberknauf.

Auf dem Sportplatz können die Kinder Sackhüpfen oder Würstelschnappen. Die Ackerkutscher reiten um die Wette oder versuchen im Galopp Ringe zu durchstechen.

Die Leute vom Dorf und die Leute vom Gut sitzen an langen Tischen bei Kaffee und Mohnkuchen, Schnaps und Bier. Auch der katholische Pfarrer, die beiden Lehrer, der katholische und der evangelische, finden sich ein. Nur beim Erntefest setzen sie sich zusammen auf eine Bank. Abends im Gasthaus Lüdke eröffnet der Vater mit der dikken Frau Pachunke den Tanz. Sie schwenkt ihn im Walzer um sich herum. Juli und Mucke werden bald nach Hause geschickt, denn nun beginnt das Saufen.

15

In diesem Haus ist ständig so viel los, man versteht nur die Hälfte oder gar nichts. Wenn Juli jetzt auch noch anfängt zu schweigen, weiß Mucke überhaupt nicht mehr, mit wem sie reden soll. Aber Juli hat eben Mallock und will zeitweise von Mucke nichts wissen.

Bei Tisch wird viel weniger gesprochen als sonst. Der Vater war auch früher oft schlecht gelaunt, aber jetzt regt er sich über jede Kleinigkeit auf. Da hält man lieber den Mund und überläßt es der Mutter, die allernotwendigsten Sätze fallen zu lassen, damit das Schweigen nicht so dick wird, daß es nur noch mit Messern zerschnitten werden kann.

Die Mutter beginnt stockend und schüchtern von ihrer Lektüre zu erzählen. Fünf Stunden täglich liest sie, sie lebt in Büchern. «Der Untergang des Abendlandes» heißt das neueste Buch. Den Herrn Milchkontrolleur wird es nicht sonderlich interessieren. Immerhin redet sie ein wenig, und gleich wird der Vater anderer Ansicht sein. Aber da die Mutter jeden Tag beim Liegen in der Löwenlaube so viel Zeit für Bücher hat, kennt sie sich gut aus und ist dem Vater meistens überlegen. Das verdirbt ihm den Spaß.

Wenigstens gibt es keine Szenen, nicht bei Tisch, nicht vor den Kindern, nicht vor den Leuten. Aber Szenen finden statt, wenn auch weder Juli noch Mucke genau wissen, wo, wie und wann und worum es da eigentlich geht. Manchmal hören sie laute Stimmen, zuweilen knallt eine Tür, jemand rennt wütend die Treppe rauf oder runter. Gelegentlich packt auch jemand seine Koffer und wird tags darauf im Einspänner zur Bahn gebracht. Die Eleven und Sekretärinnen bleiben selten lange. Dabei sind manche gar nicht so übel. Sie spielen mit Mucke und den anderen Kindern, die gerade zu Besuch sind, im dunklen Haus Räuber und Prinzessin auf Strümpfen.

Der Gutshof.

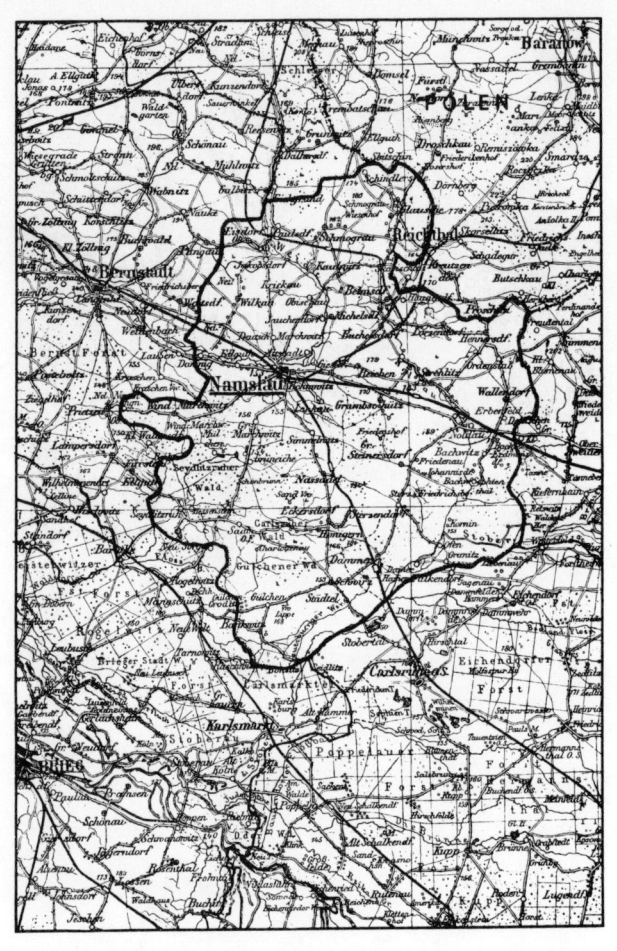

Die Kreisstadt Namslau hatte vor dem Zweiten Weltkrieg 7700 Einwohner. Es gab keine nennenswerte Industrie, aber das flache Land war größtenteils sehr fruchtbar.

Die Rückseite des Schlosses; rechts das Kinderhaus, in dem zuletzt Küken aufgezogen wurden.

Der Getreidespeicher, Schüttboden genannt. Hier hing auch die Glocke, die morgens und mittags zur Arbeit rief.

Der Vater mit seinen beiden ältesten Kindern.

*Besuch bei der Großmutter: links, auf dem Scheckpony
«Felix», Julius, daneben der Vater und sein Bruder,
rechts eine Schwester der Mutter und neben ihr, auf
«Sorge», die Autorin, die damals zehn Jahre alt war.*

Der Vater.

Das Schloß heute: ein Sanatorium für Alkoholkranke.

16

Wenn es zu viele Szenen hinter geschlossenen Türen gibt, werden die Kinder zur Großmutter geschickt. Sie wohnt nur drei Kilometer entfernt im Nachbardorf, aber trotzdem ist dort alles ganz anders. Am besten ist, man darf so lange aufbleiben, wie man will. Man darf auch morgens so lange schlafen, wie man will. Wenn es regnet, bleibt man einfach im Bett liegen, veranstaltet Kissenschlachten oder Matratzenhopsen, bis es im Zimmer zu heiß wird. Mittagessen gibt es meistens erst nachmittags, vorher hat die Großmutter keine Zeit. Sie setzt ihren breitrandigen Lederhut auf und fährt mit der verrückten Nympha, die keinen Augenblick stillsteht, auf die Felder. Nympha, die hellbraune Vollblutstute, gehörte eigentlich dem jüngsten Bruder vom Vater; sie ist bei der Großmutter gelandet, weil niemand mit ihr fertig wurde. Die Großmutter redet mit dem Pferd und versteht es. Deshalb hält Nympha zwar auch bei ihr keinen Augenblick still, aber sie trippelt auf der Stelle, bis die Großmutter mit ihrem kranken krummen Rücken in den Parkwagen geklettert ist, die Zügel aufgeknotet und die Bremsen gelockert hat. Nympha braucht natürlich nie eine Peitsche, sie geht sowieso zu schnell.

Großmutter bewirtschaftet ihr Gut allein. Sehr erfolgreich scheint sie nicht zu sein. Immer wieder muß sie freitags den Vater bitten, ihr das Geld für die Lohntüten zu borgen. Er tut das, aber nicht gern. Das Geld bekommt er nie zurück, und wo soll er es abbuchen? Großmutter hat keine Übersicht. Sie ist immer noch wohltätig, wie zur Zeit des Viererzugs. Vater ist empört über Großmutter, und Großmutter ist noch mehr empört über ihren Sohn, der ihr das Geld vom Rentmeister aushändigen läßt und ihr jedesmal anbietet, ihr Gut mit zu bewirtschaften.

Bei der Großmutter darf man sich wünschen, was es zu essen geben soll, zum Beispiel Apfelstrudel, Kirschmichel oder Hefeklöße. Die gibt es auch zu Hause, doch da muß man vorher immer diese ekligen dicken Suppen aufessen, so daß höchstens noch ein Kloß Platz im Bauch hat.
Nach dem Essen wird abgewaschen. Die Küche ist genauso dunkel wie die daheim, aber Elsbeth ist viel freundlicher als die Köchin zu Haus. Elsbeth lacht immer. Helft ihr mir? Ja, gerne. Elsbeth zu helfen ist ein Vergnügen. Kirschen pflücken, Hühnerstall ausmisten, Erbsen oder Bohnen ernten, sogar Unkraut jäten zwischen den Himbeeren und Kohlrabi machen Spaß, weil Elsbeth so lustig ist.

Habt ihr euch auch nützlich gemacht? fragt die Großmutter abends.

Sie können ihr volle Körbe zeigen und Beete, auf denen man das Gemüse wieder sieht. Auf dem Komposthaufen liegen Berge von Unkraut. Elsbeth lobt Juli und Mucke geradezu überschwenglich.

Nützlichmachen ist manchmal gar nicht so einfach. Aber die Großmutter hat grenzenloses Vertrauen. Juli zum Beispiel soll eine von den zwanzig Uhren reparieren, die bei Großmutter ticken. Sie sammelt sie. Eine steht unter einem Glassturz, und wenn es zwölf ist, hebt ein kleiner goldener Schmied den Arm mit dem Hammer und beschlägt ein kleines goldenes Pferd mit zwölf Schlägen. Eine andere Uhr ist im gemalten Kirchturm eines Bildes angebracht. Die meisten Uhren muß man mit winzigen Schlüsseln aufziehen, einige haben auch Gewichte, die man an Ketten herunterzieht. Welche Uhr richtig geht, weiß niemand. Ein Teil der Uhren steht ohnehin immer, weil niemand Zeit hatte, sie aufzuziehen, sie zu stellen oder zu reparieren. Es tickt trotzdem, es tickt im ganzen Haus. Doch keiner kommt so oft zu spät wie die Großmutter.

Sie hat kein Zeitgefühl, sagt der Vater.

Er besucht sie öfter, ob die Kinder da sind oder nicht. Sie haben die gleichen blauen Augen, die manchmal kalt aussehen. Wenn sie sich streiten – und sie streiten sich oft – funkeln sie sich mit ihren blauen Steinaugen an.

Du verlangst zuviel, sagt der Vater.

Die Großmutter macht die Lippen schmal; das ist das mindeste, sagt sie scharf.

Großmutters Wald ist viel schöner als die kleinen Wäldchen zu Haus, die Fasanen-Remisen und Blautannenschonungen. Es ist ein richtiger Wald, in dem man sich verlaufen kann. Nachmittags fahren sie hin. Für Nympha nehmen sie die Fliegennetz-Decke mit; die hat sogar eine Kapuze für den Kopf samt gestrickten Ohrenschützern, damit Fliegen und Bremsen nicht stechen können.

In Großmutters Wald gibt es Pilze und Blaubeeren, die sie in Spankörben und Milchkannen sammeln. In Großmutters Wald kann man sich verirren, deshalb müssen sie alle paar Minuten laut rufen. Es hallt unter den Fichtenkronen, und manchmal klingt es wie ein Echo.

Auf dem Heimweg pflücken sie haufenweise Heidekraut für die Kränze, die die Großmutter später auf der Terrassentreppe sitzend flicht. Neun Heidekrautkränze.

Es ist Großvaters Geburtstag, und da er nicht allein auf dem Friedhof liegt, bekommen auch die anderen – seine Ahnen und zwei seiner Kinder, die klein gestorben sind – einen Kranz auf die Marmorplatte gelegt.

Großmutter weint, die Tränen laufen ihr übers Gesicht, sie kann sie mit dem Taschentuch nicht auffangen. Die Kinder schauen verlegen beiseite.

Ich bin immer so heftig, sagt sie und wischt sich die Nase mit dem Ärmel ihrer schwarzen Bluse ab. Sie versucht ein Lächeln, aber die Mundwinkel zittern noch.

Heftig ist auch der Vater, heftig sind außerdem Nympha und Vaters Stute Gitta, die nur auf Kandare geritten werden kann. Heftig ist offenbar gar nicht so schlimm.

Das Gegenteil ist lahm. Ihr seid lahm, das bekommen Juli und Mucke oft zu hören, wenn sie gar nichts vorhaben oder wenn sie zu langsam sind. Auch die Großmutter sagt es manchmal verärgert oder verächtlich. Ihre acht Kinder waren jedenfalls niemals lahm. Was denen alles einfiel! Sie spielten Theater und erfanden die Stücke selbst.

Lahm sind leider manchmal auch die Pferde, sie werden dann zum Kühlen ihrer geschwollenen Fesseln und heißen Sehnen in den Pferdeteich gestellt. Hinterher müssen Juli und Mucke Salz auf die Blutegel streuen, damit sie von den Pferdebeinen abfallen. Pferde und Menschen sind sich sehr ähnlich. Zum Beispiel haben sie beide Charakter, einen guten oder bösen. Sie sind auch beide klug oder dumm, und damit ist das Urteil über sie schon gesprochen. Manchmal denkt Mucke, daß der Vater so richtig nur sein Pferd liebt. Jedenfalls hat er Mucke noch nie so lange gestreichelt wie seine Gitta.

17

Vorbildlich zu sein ist schwer genug, aber Verantwortung zu tragen ist viel schwerer. Zuerst ist es ja nur die Verantwortung für die Dackel. Da gibt es immer Entschuldigungen: Sie schlüpfen eben hinaus, die schwarzen Biester, sobald sich eine Tür öffnet. Lederriemen kauen sie durch, und mit Ketten richten sie Schaden an den Möbeln an. Wenn dann Herr Janusch schwankend auf seinem Rad vorbeifährt, weil er ziemlich lange in Lüdkes Gastwirtschaft war, bringen sie ihn mit ein bißchen Gekläff schon zu Fall. Die Verantwortung für zerrissene Hosen und blaue Flecken muß dann doch der Vater übernehmen.

Die Dackel abschaffen, knurrt er. Aber dann würde die Köchin kündigen.

Verantwortlich sind Juli und Mucke dafür, daß sie in der Schule ordentlich lernen. Ganz gleich wie lange sie krank waren, sie sollen es allein nachholen.

Macht mir keine Schande, sagt der Vater, der als Bürgermeister den Lehrer und Gemeindeschreiber Kubschek mehrmals in der Woche sieht.

18

Verantwortung ist ähnlich schwierig wie Fürsorge. Für die ist die Mutter zuständig, wenn sie da ist. Jeder Kranke im Dorf, jede Wöchnerin, jedes Trauerhaus muß besucht werden. Für die Mutter ist das zu anstrengend. Sie packt den Korb mit der Weinflasche, dem Wöchnerinnen-Süppchen, den Babysachen oder den Schriften mit großen Buchstaben für alte Augen und schickt Juli und Mucke.

Monatelang besucht Mucke die alte Frau Kalusa zweimal wöchentlich. In der überhitzten Küche hockt sie sich aufs Fußbänkchen am Fenster mit dem Myrtenstock und liest vor. Ganz gleich was, Frau Kalusa findet alles «sehr scheen». Eigentlich könnte sie ihr auch aus dem Erdkundebuch vorlesen, die Nebenflüsse der Oder hören sich auch «sehr scheen» an: Oppa, Glatzer Neiße, Ohle, Lohe, Bober mit dem Queiße, Lausitzer Neiße, das sind die von links. Die rechten Nebenflüsse heißen Olsa, Klodnitz, Malapane, Stober, Weide, Bartsch. Gab es da nicht noch einen Hotzenplotz, oder kam der im Märchen vor? Sie wird nachschauen müssen.

In die Trauerhäuser geht die Mutter allein. Auch als die alte Frau Kalusa gestorben war, nahm sie Mucke nicht mit. In der Stube sei sie aufgebahrt worden. Ganz friedlich habe sie in ihrem Sarg gelegen. Und nun waren auch alle fünf Kinder erschienen, die sich vorher nicht um sie gekümmert hatten.

Eins von ihnen wird das Muschelkästchen erben, überlegt Mucke, in dem die alte Frau ihre Pillen aufbewahrte. Und wer wird den ersten Brautkranz vom Myrtenstock tragen? Das hätte die alte Kalusa so gern noch erlebt.

19

Sie haben beide die Aufnahmeprüfung für die Schule in der Stadt bestanden. Nun müssen sie um halb sechs aufstehen, mit dem Einspänner zur Station fahren, dann weiter mit dem Bummelzug und seinen verschrammten gelben Holzbänken. Im Zug machen sie Schularbeiten oder spielen Skat. Manchmal schlagen sie sich auch mit anderen Fahrschülern, denn oft ist es einfach nicht auszuhalten, ausgelacht zu werden. Noch immer tragen sie Nikkelbrillen, den Haarschnitt vom Dorffriseur, Modell Glatze mit Abreißkalender, und die Matrosenanzüge von Vaters Brüdern. Mucke versucht vergeblich, den Kragen mit den weißen Streifen wegzustecken, er rutscht immer wieder heraus.

Jetzt zanken sie sich nie mehr, jedenfalls nie mehr auf dem Schulweg. Sie sind anders, aber zu zweit.

Ihr müßt euch durchsetzen, hat der Vater gesagt, als sie wieder einmal zerschunden und mit blauen Flecken nach Haus kamen. Durchsetzen, aber wie?

Endlich hat Mucke den Schwitzkasten gelernt: Sie springt den Gegner an, winkelt den Ellenbogen blitzschnell um den Hals und hängt sich mit ihrem ganzen Gewicht wie eine Klemme an. Manchmal zwingt sie auf diese Weise sogar einen der größeren Jungen nieder. Gefährlich ist nur, daß sie bei solchen Kraftanstrengungen immer die Zunge zwischen die Zähne steckt.

Du wirst sie dir abbeißen, warnt Juli.

Er selbst boxt lieber, aber meistens sind die anderen stärker, Horst, der dicke Lehrersohn aus dem Nachbardorf, oder Ewald, der im Turnen der Beste ist.

Die Schule ist kein Vergnügen. Sie gehen die Bahnhofstraße über den Ring mit gesenktem Kopf. Der vielfenstrige düstere Kasten hätte längst einen neuen Anstrich gebraucht. Zwei Kastanien werfen ihre Schatten auf den asphaltierten Schulhof. Die Zementtreppe ist ausgetreten, das eiserne Geländer rostig. Auch in der Stadtschule sind die Dielen geölt und riechen nach Tran und Schweiß. Es hat sich nichts gebessert.

Es hilft nichts, hat der Vater gesagt, es bleibt euch nichts anderes übrig, als die Schule durchzustehen.

Er und seine Brüder wurden von Tammchen, der Zwergin, und Hauslehrern unterrichtet. Die wahre Wonne scheint es auch nicht gewesen zu sein.

In der Stadt sitzen zwar nicht mehr vier Jahrgänge in einem einzigen Klassenraum zusammen wie in der Dorfschule, dafür sind Jungen und Mädchen getrennt. Zwei Bankreihen Jungen, eine Reihe Mädchen. Die Jungen sitzen auf der Fensterseite. Ihnen wenden sich die Lehrer am meisten zu. Was in den Jungenreihen geschieht, entgeht ihnen nicht. Die Schmuzettel werden nur dort gefunden. Wer erwischt wird, muß vortreten und sich bücken. Der Rohrstock liegt auf dem graugrün gestrichenen Schrank. Die Hiebe treffen immer wieder dieselben, sie scheinen nicht besonders schmerzhaft zu sein. Oder die Jungen stecken vorsichtshalber schon ein Heft in den Hosenboden. Schmerzhaft sind die Schläge auf die bloßen Hände oder das Zwicken ins Ohrläppchen. Davor bleiben auch Mädchen nicht verschont.

Gelernt wird, als würde jeden Tag der Schulrat erwartet. Pauken, pauken, sagt Dr. Pralle. Er ist der Schlimmste von allen, schon grauhaarig, immer noch Junggeselle. Er leidet an Bartflechte, die er mit weißer Zinksalbe behandelt. Er war Frontkämpfer und hat seit Verdun «ein Pfund Blei in den Knochen». Trotzdem erzählt auch er am liebsten vom Weltkrieg. Wenn er vom «Schandfrieden» spricht, überschlägt sich seine Stimme. Er sagt s-tark und s-toßen mit spitzem «st», weil er aus Hannover kommt, wo das beste Hochdeutsch gepflegt wird. Als «nordischer Mensch» fühlt er sich in dieses «östliche Nest mit ausgesprochener Mischbevölkerung» verschlagen. Die Klasse teilt er ein in Rundschädel und Langschädel. Mucke gehört zu der Sorte mit den Langschädeln, obwohl ihr angeblich am Hinterkopf etwas fehlt.

Am 20. April erscheint Dr. Pralle im braunen Hemd und trägt Koppel und Schulterriemen während des ganzen Unterrichts. Die Schaftstiefel hat er noch vom Krieg. Wo Braunau liegt, will er wissen. Als keiner eine Antwort hat, drischt er mit dem Stock auf das Katheder.

Mucke kann wie die anderen den Dr. Pralle nicht ausstehen, aber sie paukt für seinen Unterricht, unterstreicht im Geschichtsbuch die wichtigsten Merksätze rot, die weniger wichtigen blau, säuberlich, mit dem Lineal. Kurz vor dem Unterricht kann sie auf diese Weise noch einmal rasch nachlesen, was bestimmt abgefragt wird.

Das Geschichtsbuch kann sie bald auswendig. Sie benutzt es auch als «Schulungsmaterial» für den «Dienst» einmal in der Woche. Sie ist zwar erst elf, aber seit kurzem stellvertretende Jungmädchenführerin im Dorf. Bei gutem Wetter ist alles ganz einfach; sie spielen Völkerball auf dem Sportplatz oder «Räuber und Prinzessin» im Park. Bei gutem Wetter kommen immer viele, und die Schriftführerin Ulla kann viele Kreuze in ihr Buch machen. Bei gutem Wetter marschieren sie fast im Gleichschritt hinter dem schwarzen Fähnlein singend durchs Dorf.

Schwierig wird es bei schlechtem Wetter; dann ist Schulung angesagt. Aber Mucke liest nie die Hefte, die dafür vorgesehen sind; sie nimmt lieber ihr Schulbuch und erzählt von Barbarossa, von Heinrich dem Löwen und am liebsten von Friedrich dem Großen. Dessen Geschichte kennt sie von Bildern zu Hause. Alle Wände in Vaters Zimmer sind mit Menzelstichen in Mahagonirahmen bedeckt: Friedrich der Große auf dem Schlachtfeld, in Sanssouci, begleitet von seinen Windspielen, auf seinem Schimmel Condé reitend, mit dem Husarengeneral Ziethen aus dem Busch.

Zum Abschluß singen sie Lieder: «Die blauen Dragoner, sie reiten», «Es geht eine helle Flöte» oder «Es zittern die morschen Knochen». Jeder darf sich ein Lied wünschen. Diesmal hat Ulla nur fünf Kreuze eingetragen. Fünf Lieder haben sie also gesungen und vielleicht etwas von der Schlacht bei Leuthen gelernt.

Noch immer hat Mucke keine vorschriftsmäßige Kluft. Der alte blaue Faltenrock tue es auch, heißt es. Weiße Blusen hat sie von Mutters Schwestern geerbt, allerdings haben die Rüschen einen runden Kragen. Aber sie schämt sich, daß sie keine braune Kletterweste hat, die fast alle tragen, und statt dessen mit einer roten Strickjacke «zum Dienst» kommt.

Juli lacht sie aus. Zu den Pimpfen geht er nicht. Schon das Wort Pimpf sei eine Zumutung. Von dem Geld, das er für das schwarze Dreieckstuch und den Lederknoten bekommen hat, hat er bei Lüdke Zigaretten gekauft, die er mit Mallock hinter der Scheune raucht. Stets erfindet er neue Ausreden, warum er weder auf dem Sportplatz erscheint und sich in Reih und Glied aufstellt noch in der Schule am Heimabend teilnimmt.

Mucke ist jetzt die Sechstbeste im Turnen. Sie strengt sich mächtig an. Aber die Armmuskeln sind immer noch schwächlich. In der Turnhalle kann man die an Kletterstangen oder an den Ringen trainieren. Einmal wird ihr beim Schaukeln an den Ringen schwindlig, sie fällt herunter, ausgerechnet vor Fräulein Wasners Füße. Die Ohrfeige brennt, sie hat noch nie eine bekommen.

Meine Kinder werden nicht geschlagen, das hat der Vater zu Hause allen gesagt.

Mucke geht wortlos in die Ankleidekabine, zieht sich an und macht sich schniefend und wütend auf den Heimweg. Sechzehn Kilometer zu Fuß. Der Bummelzug geht nur dreimal am Tag.

Am nächsten Tag fährt der Vater mit ihr zur Schule. Meine Kinder werden nicht geschlagen, schreit er den Schuldirektor an, und die blaue Zornesader auf der Stirn ist wieder ganz deutlich zu sehen.

Einmal im Jahr fahren sie nach Breslau zum Augenarzt. Seitdem Juli von Professor Bielschowsky operiert worden ist, schielt er kaum noch. Diesmal brauchen sie in dem großen Wohnzimmer am Tauentzienplatz nicht lange zu warten. Sie sind die einzigen Patienten. Der Professor verabschiedet sich nach der Untersuchung. Es ist das letzte Mal, sagt er, er müsse verreisen, für immer.

Die Mutter ist bestürzt, will es nicht glauben, fängt geradezu zu stottern an, als sie dem weißhaarigen Arzt die

Hände schüttelt und versichert, wie groß ihr Vertrauen, wie tief ihre Dankbarkeit sei, wie sehr sie es bedauere, daß er weggehe.

Er wandere aus, verbessert sie Professor Bielschowsky, erzwungenermaßen, fügt er hinzu. Das alles müsse er hierlassen, seine Bildersammlung, die römischen Antiken, die Erstausgaben der Klassiker. Er drängt die Mutter zur Tür, sonst begleitete seine Assistentin die Patienten zum Ausgang. Offenbar will er nicht weitersprechen. Diesmal vergißt er das Schokoladentäfelchen, das jedes Kind bekommt, nachdem die Brillengläser oder die Augen überprüft worden sind.

Die Mutter macht im Zug noch ein bedrücktes Gesicht. Sie hat gar nicht gefragt, wohin der Professor auswandert. Ob sie wohl weiß, was «erzwungenermaßen» bedeutet?

Er ist Jude, sagt die Mutter so kurz, daß man nicht weiterfragen kann.

Jetzt fällt Mucke ein, was der Dr. Pralle im Geschichtsunterricht über die Juden erzählt hat. Aussauger seien sie, Schmarotzer, «unser Unglück». Aber das trifft auf den Professor nicht zu. Und auf den Lumpensammler, der mit seinem zweirädrigen Karren jedes Frühjahr einmal die Dorfstraße entlangbimmelt, auch nicht. Sie kennt keine anderen Juden.

20

An Vaters Geburtstag ist Jagd. Nur die Familie ist eingeladen, die Nachbarn kommen später zu den Feldjagden und den Kesseltreiben, bei denen man stundenlang über gefrorene Sturzäcker laufen muß. Die Familienjagd ist etwas Besseres, da werden die kleinen Waldstücke bejagt; es gibt, wenn die jungen Fasanen nicht in einem kalten Frühjahr eingegangen sind, viel Flugwild zu schießen.

Vaters Brüder und Vettern, die Großonkel, auch der Großvater vom Zobten sind gekommen. In ihren pelzgefütterten Lodenjoppen mit Fuchskragen und Fuchsmützen, die man über die Ohren klappen kann, ähneln sie sich alle sehr. Die meisten haben außer der ledernen Patronentasche auch noch einen Muff am Lederriemen. Er sieht aus wie ein Fuchs, der sich auf dem Bauch des Jägers zusammengerollt hat und mit verschlafenen Augen blinzelt. So einen Muff kann man bei der Kälte gut brauchen, denn die graugrünen Fingerhandschuhe der Schützen haben keine Kuppen, damit das Fingerspitzengefühl beim Schießen nicht beeinträchtigt wird.

Die Wagen sind vorgefahren, in jeden müssen sich sechs Jäger drängen, die Flinten zwischen den Knien, die Hunde zu Füßen. Mucke und Juli haben auf dem Kutschbock noch Platz gefunden. Die Treiber sind bereits in der Brzeszine. Der Wind weht von Osten, also werden sie an der Westseite des Wäldchens anfangen, gegen die Bäume zu schlagen und mit den Holzpritschen zu klappern, an denen eiserne Klöppel angebracht sind.

Die Schützen umstellen in weiten Abständen das Wäldchen. Die älteren Onkel haben ihre Jagdstühle mitgebracht, ein ledernes Dreieck ist als Sitz an einem Spazierstock befestigt. Juli und Mucke dürfen die Hunde halten, die aufgeregt winseln und darauf warten, daß es losgeht. Endlich setzen sich die Treiber in Bewegung; sie schreien Haaas, Haaas, wenn ein Hase vor ihnen auf die Schützen zuflieht, und Tirooo, wenn ein Fasan mit blubberndem Flügelschlag hochfliegt. Nur Hähne sollen geschossen werden. Die graubraunen Hennen sind für die Nachzucht im Frühjahr wichtiger. Es knallt, ein Gewitter von blaffenden Schüssen. Rotbraun glänzende Vögel mit grünblauem Hals taumeln zu Boden. Hasen schlagen vergeblich ihre Haken. Die Hunde haben viel zu apportieren. Mucke und Juli geben es bald auf, die leeren Patronenhülsen zu sammeln, aus denen man schöne Pfeifen machen kann. Sie haben alle Hände voll zu tun, den Hunden die Beute abzunehmen.

Nach jedem Treiben wird Strecke gelegt. Beim ersten sind es zwanzig Hasen, zweiundvierzig Fasanen, ein Eichelhäher und ein Fuchs, ordentlich in einer Reihe. Wie immer bekommen sich die beiden Großonkel in die Haare.

Das war meiner, sagt Onkel Oswald, mein erster Schuß saß; es war gar nicht nötig, noch einmal draufzuhalten.

Onkel Oskar protestiert mit rotem Kopf.

Den nächsten bekommst du, versucht der Vater einzulenken. Er beißt sich auf die Lippen, weil er die Großonkel nicht weit genug voneinander entfernt angesetzt hat.

Mittags gibt es Erbsensuppe für alle, für die Treiber auch Korn aus der Flasche, für die Schützen nur einen winzigen Schluck aus Silberbechern. Viel Zeit bleibt nicht, es schneit und wird früh dunkel werden. Auf dem Ackerwagen hängt das Wild bereits an Querstangen, die

Hasen mit gebrochenen Augen kopfüber an den Läufen, die Fasanen zu Paaren an Schlingen, die ihre Hälse noch länger ziehen.

Fast wie in alten Zeiten, sagt der Vater, der Wildhändler wird sich freuen.

Früher wurden Fasaneneier aus Frankreich gekauft. Putenhennen mußten sie ausbrüten und die Jungen aufziehen, bis man sie aussetzen konnte. Oft folgten die Puten ihren fremden Kindern, verwilderten, flogen wie Fasane nachts auf die Bäume, bis man sie bei der Familienjagd abschoß.

Gerade bevor die Dämmerung hereinbricht, ist die Jagd zu Ende. Einer der Brüder versucht auf dem Jagdhorn ein Halali. Die Schützen stehen wie bei einer Beerdigung um ihre letzte Strecke. Der Vater hat sich aufgeschrieben, was und wieviel jeder einzelne erlegt hat. Schützenkönig ist wieder einmal der Großvater vom Zobten.

Kunststück, murmelt grimmig Großonkel Oskar, der kommt immer mit Büchsenspanner.

Laut wagt er das nicht zu sagen, der Großvater ist überall beliebt und geachtet und außerdem der Älteste. August, sein Büchsenspanner, steht in seiner zweireihig geknöpften Chauffeurslivree mit steinernem Gesicht einen Schritt hinter ihm, beide Flinten geschultert.

Der Vater dankt den Schützen und Treibern. Er selbst hat nur eine wildernde Katze geschossen.

Auf der Rückfahrt haben sie alle rote Nasen, an denen oft ein Tropfen hängt.

In der Halle sind Tische gedeckt; es gibt Tee mit Rum und Streuselkuchen. Die Stimmen sind noch immer laut, als müßten sie sich aus weiter Entfernung verständigen.

Geredet wird über die Jagd und warum dieser Schuß nicht traf und jener Hase doch noch durchkam. Der Vater geht von einem Tisch zum anderen. Das Hoch auf seinen Geburtstag wird erst zum Jagdessen am Abend aufgebracht. Dazu ziehen sich alle um, die Mutter wird sogar in ihrem langen blaugrauen Kleid erscheinen. In den Gästezimmern stehen bereits die hohen Emaillekannen mit heißem Wasser auf den Waschtischen. Wer möchte, darf auch eins der beiden Bäder benutzen.

Mucke und Juli sollen ins Bett gehen, damit sie nachher lange aufbleiben können. Der Großvater steckt ihnen zwei Feodora-Täfelchen zu, einfach so, aus der Hosentasche. Ins Bett gehen sie aber nur auf Umwegen. Am Hinterausgang sortiert Hermann das Wild. Die zerschossenen Hasen und Fasanen kommen auf einen Haufen zum Verschenken, die anderen trägt er hinauf in die Wildkammer. Den Fasanen hat er mit einem Haken die Därme herausgerissen.

Juli und Mucke möchten die blauen Federn vom Eichelhäher haben. Doch die haben sich Vaters Brüder schon an ihre Hüte gesteckt. Hermann rupft dafür für Juli die längsten Schwanzfedern der Fasanenhähne aus.

21

Im Winter wird gespielt – Rommé oder Mah-Jongg, Bridge oder Skat, Halma oder Mühle.

Juli ist in allen Spielen besser als Mucke, die sich nicht

einmal ärgert, wenn sie verliert. Sie paßt einfach nicht auf, aber sie will auf jeden Fall dabeisein, wenn es zur Belohnung Kandiszucker oder Rosinen gibt.

Im Winter ist es in Mutters Zimmer am gelben Kachelofen am gemütlichsten. Doch die Mutter verbringt den größten Teil des Winters im Sanatorium in den Bergen. Sobald sie anfängt zu husten, reist sie ab.

Juli und Mucke husten auch öfters. Einmal ist es so schlimm, daß auch sie in die Berge geschickt werden, mitten in der Schulzeit. In ihren alten Trainingsanzügen sollen sie im Riesengebirge Skilaufen lernen. Ein Vergnügen ist es nicht gerade. Die Bindungen der Skier rutschen immer wieder von den Stiefeln und öffnen sich bei jedem Sturz, die Nässe steigt in den Hosenbeinen hoch. Während die Einheimischen die Hänge nur so hinunterflitzen, stehen sie zaudernd und frierend herum.

Sonnabends besuchen sie die Mutter. Aber die Mutter darf nur langsam im Schnee hin und her gehen und muß sich dann wieder auf der überdachten Terrasse auf ihrem Liegestuhl in Decken wickeln. Im Sprechzimmer horcht der Arzt auch Julis und Muckes Lungen ab. Alles ist in Ordnung, nur Julis Hals hat einen Dreckrand, und Muckes Rippen kann man zählen.

Sie sind froh, daß sie bald wieder nach Hause fahren können, allein, mit zweimal Umsteigen.

22

In diesem Jahr kommen Vaters alte Kameraden schon im Frühjahr zu Besuch. Der Dünne, der sonst mit dem Fahrrad von Berlin kam, fährt diesmal mit einem roten Opel vor. Demnächst, erzählt er, wird er wieder zur Truppe gehen. Der Vater scheint ihn geradezu zu beneiden. Der Vater sehnt sich nach einem sorglosen Leben. Statt dessen muß er sich mit einem Ziegelmeister plagen, der ihn betrügt, und er weiß auch nicht, wie er die neue Gülleanlage für die Rinderjauche bezahlen soll. Er hat die schönsten Pläne, aber kein Geld dafür.

Im Frühsommer kommt auch Percy, der Korpsbruder aus Heidelberg. Auch er ist jetzt «reaktiviert» und wieder dabei; er hat die Schwadron in der Kreisstadt übernommen. Das wäre genau das richtige für ihn, sagt der Vater, und man weiß nicht genau, ob er den Freund meint oder sich selbst. Zusammen mit Percy geht der Vater auf Pirsch. Sie schießen zwar keinen Bock, aber sie reden und reden immer noch, als sie zurückkommen.

Der Vater hat auf dem Heidelberger Paukboden gegen Percy gefochten, Saxo-Borusse, schlagende Verbindung. Zwei Degen überkreuzen sich an der Wand in seinem Zimmer, darunter die schwarzgrünweiße Schlägermütze, die ein wenig lächerlich aussieht. Der Vater hätte Lust, noch einmal zu fechten, aber Schmisse müssen sie sich nun nicht mehr beibringen.

Perkeo, sagt Percy, er nennt den Vater nach dem Heidelberger Zwerg. Auch damals war der Vater unter seinen Freunden der Kleinste. Perkeo, sagt Percy, es dauert nicht mehr lange. Der Vater solle sich ein zweites zuverlässiges

Pferd anschaffen. Als Rittmeister brauche man zwei Pferde.

Doch da der Vater keine Zeit hat, sich ein neues Pferd zu suchen, nimmt er einfach Fathme, die Schimmelstute, die er Mucke geschenkt hat. Fathme ist zwar nicht zuverlässig, scheut vor jedem Fetzen, mag kein Wasser und gerät in Panik, sobald der Boden sumpfig wird, aber sie ist zäh und schnell.

Der Vater reitet jetzt über die Felder, als gebe es ganz andere Dinge zu erforschen. Ob der saure Acker durch die neue Drainage trockener geworden ist oder ob der Weizen noch einmal Kunstdünger braucht, interessiert ihn wenig. Er späht in die Ferne und scheint gar nicht zu merken, daß die Ackerkutscher die Eggen nicht zurück in den Geräteschuppen gebracht haben, worüber er sonst immer in Zorn gerät.

Mucke hat er das Schimmelfohlen der alten Sorge geschenkt, als Ersatz für Fathme. Aber Fohlen kann man nicht reiten, man kann sie nur zähmen. Also hockt Mucke auf dem Koppelzaun und versucht dem Fohlen beizubringen, daß es zu kommen hat, wenn sie pfeift. So schwierig ist das gar nicht, wenn man genug Zucker oder Brot in der Tasche hat.

23

In diesem Sommer gibt es im Dorf ein neues Fest. Es sei angeordnet, heißt es. Sonnenwende. Mucke und ihre Mädchenschar bekommen einen Karton mit Fackeln. Sie sollen bei einbrechender Dunkelheit singend durchs Dorf marschieren, damit die Leute aus ihren Häusern kommen und sich ihnen anschließen. Die Jungen haben am Rand der Sandgrube, wenige Meter von der Grenze entfernt, einen Holzstoß errichtet. Als es endlich dunkel geworden ist, zünden sie ihn an. Das ist das verabredete Zeichen: Auf der anderen Seite der Grenze nähern sich Nachbarn von drüben, die ihre Nachbarn und Freunde diesseits treffen wollen. Sie halten sich zwar an die Markierung, aber wenn sie sich umarmen oder sich die Hände schütteln, überschreiten sie die Grenze auch schon einmal. Die vier polnischen und deutschen Grenzbeamten stehen verlegen abseits, eigentlich müßten sie solche Begegnungen verhindern, doch das wagen sie nicht.

Die Mädchen haben extra für diese Nacht «Flamme empor», vier Strophen, gelernt. Die Leute von drüben wollen jedoch andere Lieder: «Kein schöner Land in dieser Zeit», «Am Brunnen vor dem Tore». Als das Feuer heruntergebrannt ist, springen die jungen Leute über die Glut. Es soll Glück bringen.

Der Vater, der längst keine braune Uniform mehr anzieht, steht mit den anderen in seinem feldgrauen Rock an der Grenze und redet. Am nächsten Tag fährt er in die polnisch gewordene Kreisstadt Kempten und spricht mit dem Starost, der auch regelmäßiger Jagdgast und beinahe ein Freund ist.

Es muß doch möglich sein, sagt er, als er zurückkommt.
Wenig später brennt ein Schober, Stroh vom vorigen Jahr. Noch ehe er verkohlt ist, kommt die Reichthaler Feuerwehr mit zwei Wagen voller Leute zum Helfen angejagt, als sei ein Großbrand ausgebrochen.

Bei Feuersnot darf die Grenze überschritten werden, sagt der Vater und spendiert Freibier.

Erst gegen Morgen fahren die Nachbarn angeheitert über die Grenze zurück.

Angeheitert, sagt der Vater, ist ein schöner Ausdruck.

Nach der Ernte wird der Vater zum Manöver einberufen. Hermann walkt die hart gewordenen Satteltaschen mit heißem Öl weich, schnallt auch neue Zügel in Gittas Kandare und spült die mit grauem Tuch überzogene Feldflasche aus. Er faltet den Woilach vorschriftsmäßig als Satteldecke zusammen und wienert zwei Paar Stiefel – Form Potsdam, extra schmal – so blank, daß man sich darin spiegeln könnte. Immer wieder bürstet er die Uniform, die noch ein wenig nach Mottenkugeln riecht. Am liebsten würde er mit ins Manöver ziehen.

Als die Ausrüstung beisammen ist, reitet der Vater in voller Montur einmal ums Rondell. Alles ist vorschriftsmäßig, die Mütze mit der dünnen gelben Litze hat er ein wenig schief, nach Dragonerart, aufgesetzt.

Das Manöver dauert lange. Als der Vater endlich zurückkommt, hat bereits der Regen eingesetzt, und die Rübenwagen bleiben im Lehm stecken. Was auf den Feldern geschieht, ordnet jetzt Herr Wierczek meistens allein an. Der Vater hat anderes zu tun. Nächtelang sitzt er über den Rechnungsbüchern. Er möchte alles übersichtlich hinterlassen, sagt er. Deshalb fährt er viel öfter als sonst nach Breslau und berät sich.

Manchmal besucht er Freunde, mit denen er zusammen studiert oder Landwirtschaft gelernt hat.

Wir wissen so wenig, sagt er. Aber was er bei den Freunden, die wie er Gutsbesitzer sind, erfährt, scheint ihn nicht froh zu machen. Juli und Mucke dürfen ihn manchmal begleiten. Sie werden sofort in die fremden Kinderzimmer geschickt und sollen dort spielen, bis der Vater genug geredet hat. Doch was spielt man in fremden Kinderzimmern mit fremden Kindern, wenn man nicht einmal weiß, wie lange man bleibt, ein, zwei Stunden, einen ganzen Nachmittag oder sogar über Nacht?

Fremde Kinderzimmer sind das Langweiligste der Welt. Nie weiß man, was man anfassen darf. Mit dem herumstehenden Spielzeug kann man meistens nichts mehr anfangen, und die weißen Stühle, auf denen man sitzen soll, während man Kakao trinkt und Marmorkuchen ißt, sind auch zu niedrig für Julis lange Beine.

Juli fragt jedesmal nach «Monopoly». Wenn das Spiel im Haus ist, wird die Wartezeit kurz. Bis alle Grundstücke verkauft sind und die Bank Bankrott gemacht hat, ist der Vater meistens mit seinen Gesprächen fertig.

Sie fahren im Dunkeln nach Hause. Aber diesmal verlangt der Vater nicht, daß sie singen oder pfeifen sollen. Er ist so aufgeregt, daß er bestimmt nicht einschlafen wird. Er knirscht mit den Zähnen und macht ein Gesicht, daß Juli und Mucke nicht wagen, ihn etwas zu fragen. Sie kauern sich auf dem Rücksitz zusammen. Solche schweigsamen Fahrten machen bange.

24

Der Vater gibt fast alle Ehrenämter ab. Als letztes verzichtet er auch auf das Bürgermeisteramt. Es fällt ihm nicht leicht. Doch sein Nachfolger ist der Friseur, der jede Woche einmal kommt, um ihm die Haare zu schneiden. So erfährt er weiter alles, was im Dorf geschieht. Jetzt ist er nur noch Patron der katholischen wie der evangelischen Kirche. Das will er bleiben, obwohl er als Patron für die Dachreparaturen der katholischen Kirche aufkommen muß und die evangelische Kirche nach wie vor nur ein Betsaal über der Gärtnerei ist. Immer häufiger muß er zu «Übungen». Er lernt, sagt er, das militärische Handwerk neu. Wenn er zurückkommt, sieht er jung aus, er erzählt von den Kameraden wie von den Heidelberger Korpsbrüdern, als er zwanzig war. Doch sobald er die Uniform mit den silbernen Schulterstücken gegen die alte ohne alles Lametta austauscht, scheint er um Jahre gealtert. Aktenberge warten auf ihn. Mit Herrn Wierczek muß er über die Frühjahrsbestellung reden: den Oberschweizer muß er loben, weil die Kühe wieder mehr und fettere Milch gegeben haben; den Schäfer muß er anhören, weil der sich beschwert, daß Herr Wierczek den Schafen kein Kraftfutter zuteilen will. Die Dame aus dem Baltikum klagt – wie so oft – über Hermann, der sich taubstellt, wenn sie zum Beispiel von ihm verlangt, er solle die Fensterläden schließen.

Eigentlich hat der Vater kaum Zeit für etwas Schönes. Juli und Mucke gehen auf Zehenspitzen. Sie warten auf einen günstigen Augenblick, um dem Vater das Menschennest zu zeigen, das sie sich aus Brettern und Latten in der Blutbuche gebaut haben. Daß das Schimmelfohlen manchmal im Park frei herumläuft und sofort angetrabt kommt, wenn Mucke pfeift, hat der Vater auch noch nicht gesehen. Das einzige, wonach er fragt, ist die Schule. Aber gerade über die reden weder Juli noch Mucke gern. Dr. Dralle bleibt das bartflechtige Ekel; bei den anderen Lehrern ist es leichter, sich durchzumogeln. Zeichnen und Turnen sind immer noch das Beste an der Schule.

25

Das Musikzimmer neben dem Eßzimmer, wo früher die Morgenandachten gehalten wurden, heißt jetzt Radiozimmer. Dabei sieht es noch genauso aus: Am Fenster steht der Bechsteinflügel, der meistens verstimmt ist, dahinter der Glasschrank, in dem Gefäße und Schmuck aus der Bronzezeit aufbewahrt werden, Funde aus einem Grab, auf das der neue Tiefpflug gestoßen war. Die besten Stücke sind im Breslauer Museum zu besichtigen; die Fibeln und grünangelaufenen spiralförmigen Armreifen durften ebenso hierbleiben wie die großen Tongefäße, in denen Nahrung für die Toten aufbewahrt gewesen sein soll.

Im Musikzimmer stehen in einem Regal Gesangbücher neben dem «Zupfgeigenhansl», «Kling-Klang-Gloria» und anderen Liederbüchern aus Vaters Kinderzeit. In einem anderen Fach sind Herrnhuter Losungen und mehrere Bibeln. Gleich darunter Zeitschriften und Illustrierte.

Man sitzt auf hellgeblümten Sofas und Sesseln und blättert in «Wild und Hund» oder in der «Koralle», wenn man auf das Essen warten muß.

Punkt zwölf wird jetzt das Radio angestellt. Wetterbericht und Nachrichten sind das Wichtigste, seitdem es den Apparat gibt, hinter dessen häßlicher braunsilbriger Stoffbespannung sich der Lautsprecher befindet. Offenbar hat der Vater das billigste Radio gekauft, das er bekommen konnte. Es krächzt und rauscht. Die Stimme des Ansagers ist kaum zu verstehen.

Lest lieber die «Schlesische», sagt der Vater.

Aber die «Schlesische Zeitung» ist erst recht schwer zu verstehen, und nur aus dem Radio tönt Marschmusik und Jubel, wenn deutsche Truppen in Wien oder Prag einmarschieren.

26

Die Großmutter hat einen viel größeren und besseren Apparat. Bei ihr läuft das Programm stundenlang, ohne daß jemand dasitzt und richtig zuhört. Nein, das stimmt nicht: Wenn Musiksendungen eingestellt sind, fliegen die weißen Pfauen auf die Fensterbretter, lassen ihre Schweife wie Schleppen herunterhängen, wiegen ihre Krönchen und hören zu. Die Großmutter hat sechs weiße Pfauen. Wenn sie ihre Räder schlagen, sehen sie wie Spitzenfächer aus. Jedesmal ist die Großmutter aufs neue entzückt über die weißen Spitzenfächer in ihren Rosenbeeten vor dem Haus. Sie freut sich so sehr, daß ihre Freude ansteckend ist: Man muß sich einfach mitfreuen.

Sie findet immer etwas, was sie glücklich macht. Nie fährt sie nach Breslau, ohne etwas erstöbert zu haben. Sie kennt die Antiquitätenläden und die Buchhandlungen. Sie kann nicht vorbeigehen, ohne etwas gekauft zu haben. Ihr Haus ist voll von Rubingläsern aus Karlsbad, Kristallkaraffen aus der Josephinenhütte, Meißener Figürchen und KPM-Schalen mit durchbrochenem Rand, silbernen Tabaksdosen und Leuchtern. In ihrem Nähtisch liegen ein Stopfei aus Elfenbein und silberne Fingerhüte mit Amethystköpfen. Ihre spitze Schere ist ein vergoldeter Storch, der unter seinem Flügel ein Baby trägt. Noch immer kann sie die feinsten Knopflöcher nähen oder mit Perlen sticken.

Doch dazu hat sie keine Zeit; sie hat ein Gut zu verwalten. Deshalb häufen sich auf ihrem Wohnzimmertisch die Abrechnungsbücher, und ihr Schreibtisch bricht fast zusammen von all den landwirtschaftlichen Fachzeitschriften, die sie unbedingt lesen will.

Sie hat die schönsten italienischen Möbel mitgenommen, als sie aus dem Schloß auszog, Kommoden mit eingelegten Perlmutt-Ranken und -Rosen oder mit Schubladen, auf denen Jäger aus Elfenbein einen Hirsch jagen. Im Säulenschrank daneben stehen die Lederrücken von «Brehms Tierleben» neben dem Großen Brockhaus und den Aquarellen der Vigée-Lebrun. Bei der Großmutter kann man sich gar nicht langweilen. Es ist alles so nah beieinander, gedrängt und übervoll.

Im Winter stapelt sie einfach die Wirtschaftsbücher von ihrem Tisch auf den Boden, legt eine Spitzendecke auf, deckt den Teetisch mit ihrem durchsichtigen rosa Lothringischen Geschirr. Das kleine Wohnzimmer ist der einzige Raum in ihrem Haus, der bei klirrender Kälte richtig warm wird. Deshalb darf man auch die Daunendecke am Bollerofen anwärmen und bekommt einen Bratapfel, weil's so gemütlich ist, bevor man ins kalte Bett kriecht. Immer wieder frieren bei der Großmutter die Wasserleitungen ein und müssen mit elektrischen Sonnen aufgetaut werden. Diese Sonnen wärmen auch notdürftig das Badezimmer, wenn man sich unbedingt waschen muß, was die Großmutter aber zum Glück nicht jeden Tag verlangt.

Die Großmutter hat jetzt vier Söhne bei der Wehrmacht, denn der Vater ist ja mehr in der Kaserne als zu Haus. Sie sorgt sich. Was werden wird, weiß niemand. Aber das Grübeln nützt auch nichts, sagt die Großmutter. Sie pflanzt im Frühjahr eine Fichtenschonung im Wald, den Pferdestall läßt sie neu pflastern, und der Kuhstall wird geweißt, sobald die Rinder auf der Weide sind.

27

Im Sommer kommen diesmal keine Ferienkinder. Der Vater ist nicht da, und die Dame aus dem Baltikum möchte keine weitere Verantwortung übernehmen. Juli und Mucke haben viel Zeit zum Lesen. Die Bücherschränke sind nicht abgeschlossen. Sie fangen bei den Büchern der Mutter an, meistens sind es historische Romane, Friedrich II., der Hohenstaufer, die Kaiserin Theophanu, Otto der Große, Heinrich der Löwe. Dazwischen verschlingt Mucke die graugrünen Bänder von Ganghofer oder Liebesromane, die geheimnisvoll «Perdita» oder «Raphaela» heißen und ihr heiße Ohren machen.

Das Fohlen wird jetzt als drittes Pferd angespannt, es muß nicht ziehen, es soll nur lernen, Schritt und Trab im Takt mit den anderen zu gehen. Im nächsten Jahr wird Mucke es reiten können.
Der Sommer, in dem der Vater so selten da ist, vergeht, ohne daß es ein richtiger Sommer gewesen ist. Zu Besuch kamen nur Vaters Brüder, alle in Uniform und alle in Eile, als machten sie nur zwischen zwei Zügen Station. Sie zogen sich in ihre Zimmer zurück, obwohl draußen das schönste Badewetter war, kramten in ihren Schreibtischen und Schränken. Sie wollten nicht gestört werden. Dann waren sie fort, ohne daß Juli und Mucke es überhaupt gemerkt hatten.

Herr Wierczek braucht Hilfe bei der Ernte; Frau Olenik braucht Hilfe beim Himbeeren- und Jonannisbeerenpflücken; die Köchin möchte, daß möglichst viele im Halbkreis unter dem Holunderbaum sitzen und Erbsen pulen oder Bohnen schnippeln. Es gibt so viel zu tun, daß die Tage viel zu kurz sind. Aber niemand singt oder macht Witze wie sonst. Es ist ein bleierner Sommer. Beim Erntefest fallen der Umzug und auch der Tanz im Gasthaus aus. Nur Geld gibt es, für jeden etwas mehr als sonst, und die neue Erntekrone wird wie immer an die Stelle der alten in der Halle aufgehängt.

Als die Ferien zu Ende sind, ist es noch so heiß, daß sie gleich hitzefrei bekommen. Seit Wochen hat es nicht mehr geregnet.

Kolonnen von offenen grüngrauen Wehrmachtsfahrzeugen fahren in Richtung Osten. Über den Straßen hängen graue Staubwolken. Anfangs stehen Juli und Mucke mit den anderen Kindern am Straßenrand. So viele Soldaten haben sie noch nicht gesehen. Nach vier, fünf Stunden hören die Transporte immer noch nicht auf. Kaum einer der Soldaten winkt zurück, niemand hält an. Es gibt Krieg. Alle sagen es. Es gibt Krieg.

Der Vater ist mit beiden Pferden eingerückt. Manchmal kommt er für einen halben Tag oder eine halbe Nacht im Auto, um nach dem Rechten zu sehen. Sonderurlaub, sagt er, und zieht die Uniform gar nicht erst aus.

Eines Abends dürfen Juli und Mucke ihn besuchen. Es ist schon dunkel, als sie vor dem Gasthaus aussteigen, wo sein Quartier ist. Soldaten stehen in Gruppen unter den Kastanien, lärmen in der Schankstube. Den Vater finden sie im Hinterzimmer. Auch hier hängt der Rauch in Schwaden, riecht es nach Bier. Sie drängen sich an den Vater, und er drückt sie auch an sich, aber er redet mit seinen Kameraden weiter, als seien Juli und Mucke nicht da. Sie verstehen nichts. Die Stimmen dröhnen, und das Lachen klingt gar nicht lustig.

Das hier sind meine Kinder, sagt der Vater zum einen oder anderen.

Aber niemand macht sich die Mühe, Mucke und Juli auch nur die Hand zu geben. Sie haben alle etwas anderes im Sinn, sind unruhig und aufgeregt oder mit ihrem Bierglas beschäftigt.

Juli und Mucke lehnen sich an den Holzstuhl, auf dem der Vater sitzt, Zigarettenrauch treibt ihnen die Tränen in die Augen. Ob sie die Pferde besuchen könnten, fragt Mucke, aber der Vater hört gar nicht zu.

Ihr müßt zurück, sagt er, und bringt sie bis ans Auto. Er küßt sie, dann schlägt er die Wagentür zu und tritt zurück in den Schatten der Kastanien, Mucke kann nicht einmal erkennen, ob er noch winkt.

Es ist der 30. August 1939. Am 1. September marschieren deutsche Truppen über die polnische Grenze.

Die Schule fällt aus. Dr. Pralle und drei andere Lehrer sind eingezogen. Die Bahnstrecke wird für Wehrmachtstransporte gebraucht. Personenzüge halten nicht mehr. Mit dem Rad wird der Schulweg sehr weit.

Im Dorf sind fast alle jüngeren Männer weg. Aber Kartoffeln und Rüben müssen noch geerntet, das Vieh wie immer versorgt werden.

Ulla ist mit ihrer Mutter allein auf dem Hof. Deshalb geht Mucke dorthin zum Helfen. Zusammen mit Ulla sammelt sie hinter dem Roder die Kartoffeln ein, trägt Korb auf Korb zum Kastenwagen, wuchtet ihn hoch und kippt ihn aus. Kühemelken und Stallausmisten sind gegen diese Schwerarbeit ein Kinderspiel. Wenn es dunkel wird, sitzen sie auf der Küchenbank nebeneinander und löffeln mit Zimt bestreute Sauermilch, in die sie Schwarzbrot tunken. Der eiserne Herd verbreitet eine dösige Wärme. Am liebsten würde Mucke mit Ulla unter das Federbett in der Stube nebenan kriechen und auf der Stelle einschlafen.

Zu Haus hat Hermann den großen Eßtisch zusammengeschoben. Nicht nur der Vater fehlt, auch die beiden Eleven und der Vikar wurden eingezogen. Beim Essen ist es jetzt so still, daß man Herrn Wierczek kauen hört oder die Schlemmel schlucken. Um zwölf Uhr und um sieben steht alles um den Radioapparat herum.

Sie kommen schnell voran, sagt die Dame, und steckt die Stecknadeln mit den bunten Glasköpfen auf der Landkarte, die sie mit Reißzwecken an die Tapete geheftet hat, weiter nach Osten.

Niemand hat daran gedacht, eine Fahne auf dem Turm zu hissen. Das Reichthaler Ländchen ist zwar über Nacht wieder deutsch, aber einen Grund zum Jubeln gibt es nicht, es ist Krieg.

Man kann jetzt den Feldweg an der Sandgrube vorbei weiterfahren; die rotweiße Schranke liegt im Ginstergebüsch. Juli und Mucke nehmen an einem Sonntag die Räder, eine halbe Stunde brauchen sie nur bis zum nächsten Dorf, in dem sie nie gewesen sind, weil es jenseits der Grenze lag.

Der Wald hat Großvater gehört, erinnert sich Juli.

Sie kennen niemand auf dem Gutshof, der auch einmal dem Großvater gehört hat. Das hölzerne Tor hängt schief in den Angeln. Die Ställe sind leer, wo einmal der Misthaufen gewesen sein muß, nehmen die Hühner ihr Staubbad. Das Gutshaus, ein großes Gebäude mit verzierten Giebeln und einer breiten Treppe, scheint unbewohnt.

Sie fahren weiter ins nächste und übernächste Dorf. Überall sonntägliche Ruhe. Die Gänse auf der Dorfstraße und am Feuerlöschteich sind die einzigen, die sich aufgestört fühlen. Ihr Gezeter ist noch zu hören, wenn Juli und Mucke längst aus dem Dorf heraus sind.

Sandwege und Kiefernwald, eine Birkenallee, ein von grauflechtigen Kirschbäumen gesäumter Weg, kein Boden für Weizen und Rüben. Die Höfe sind klein, Stall und Scheune unter einem Dach; vor den backsteinroten Häusern blühen Dahlien und Herbstastern in voller Pracht.

Als sie in die Lindenallee einbiegen, sehen sie den Einspänner der Großmutter vor der Tür. Nympha trippelt wie immer auf der Stelle. Die Dame kommt ihnen mit zwei vollgepackten Taschen entgegen. Ihr zieht jetzt für eine Weile zur Großmutter, sagt sie, und stellt die Taschen im Wagen ab.

Die Großmutter folgt ihr, sie geht noch mehr gebückt als sonst.

Der Vater ist verwundet, sagt sie, wir wissen noch nichts Genaues.

Sie gibt Juli die Zügel und sucht ihr Taschentuch. Den ganzen Weg lang versucht sie, ihr Weinen zu unterdrükken. Juli läßt Nympha so schnell traben, wie sie will. Sie schweigen, weil es nichts zu sagen gibt; und obwohl sie dicht nebeneinander sitzen, ist jeder mit seinen Gedanken ganz allein.

Der Anruf kam heute vormittag, sagt die Großmutter endlich, aber dann war die Verbindung gestört und kurz darauf unterbrochen. Wir müssen warten.

Der Abendbrottisch ist schon gedeckt, Elsbeth schüttelt stumm den Kopf: keine neue Nachricht. Sie hat die beiden Betten in der Kammer neben Großmutters Schlafzimmer bezogen.

Laß die Tür auf, bittet Mucke. Der Streifen Licht ist wie eine Brücke, jederzeit könnte sie hinübergehen.

Schläfst du schon? flüstert sie, aber vom anderen Bett kommt keine Antwort.

Verwundet – was ist verletzt, ein Bein, ein Arm, der Kopf oder der Bauch? Sie steht vorsichtig auf und folgt auf Zehenspitzen dem Lichtstreifen ins Wohnzimmer.

Die Großmutter sitzt am Schreibtisch über den Kontobüchern, aber die Zahlen scheint sie nicht zu sehen, sie starrt vor sich hin.

Ja, komm her, sagt sie, ich kann auch nichts anderes denken. Sie holt die Daunendecke und macht Mucke auf dem Sofa ein Lager.

Zwei Tage warten sie, dann endlich kommt die Nachricht. Der Vater liegt in der Universitätsklinik in Breslau. Die Kugel steckt im Rücken. In wenigen Stunden wird er operiert.

28

Sie geht nun in Breslau in die Schule, wohnt bei einer Tante, die sie vorher nie gesehen hat.

Mit der Straßenbahn fährt sie jeden Tag quer durch die Stadt zur Klinik. Aber es ist gar nicht sicher, ob sie den Vater besuchen kann. Sie wartet im Flur vor seinem Zimmer. An schlechten Tagen hat er solche Schmerzen, daß sie nicht zu ihm darf. Manchmal schläft er ein, kaum daß sie sich neben sein Bett gesetzt hat.

Die Spritze wirkt jetzt, sagt die Schwester und schiebt Mucke hinaus.

An guten Tagen versucht sie, ihn zu unterhalten. Die Schule, erzählt sie, ist fast ein Vergnügen, ganz anders als in der kleinen Stadt. Hier hat keiner Angst vor den Lehrern, es wird oft gesungen, auch Unsinn gemacht. Sie hat viel nachzuholen, aber sie lernt gern, sie möchte in der Klasse bleiben.

Ob der Vater zuhört, weiß sie nicht genau. Er sieht sie mit seinen blauen Augen an, die jetzt in tiefen Höhlen liegen. Er müßte mehr essen, doch jeder Bissen ist eine Qual für ihn. Seine Stimme ist sehr leise. Nur wenn die Schwester mit einem Tablett hereinkommt und ihm die Bouillon in der Schnabeltasse an die Lippen setzen will, protestiert er laut: Nicht schon wieder!

Mucke sitzt auf dem harten Stuhl neben dem weißlakkierten Nachttisch. Sie möchte dem Vater helfen, sich gegen die Schwester zu wehren, die ihn behandelt wie ein störrisches Kind. Nie ist sie zufrieden mit ihm, nie läßt sie ihn in Frieden. Sie droht ihm mit Prozeduren, vor denen er sich fürchtet. Mit einem Flaschenzug soll er hochgenommen und in die Badewanne gesteckt werden. Sie schaut nach, ob die Gummiringe, die das Wundliegen verhindern sollen, an der richtigen Stelle sind. Sie hebt seine leblosen Beine an, als seien sie aus Holz. Sie sagt, es funktionierte heute wieder nicht, als sei der Vater eine defekte Maschine.

Geh, mach Schularbeiten, sagt der Vater, ich habe heute wieder einen schlechten Tag.

Er hat nur noch schlechte Tage, er quält sich, wenn die Morphiumbetäubung nachläßt. Er wird immer durchsichtiger und schmaler.

Die Operation sei nicht gelungen, hat die Großmutter gesagt. Er wird nie mehr gehen können.

Sie malt ihm ein Bild: Pferde auf der Weide, seine Gitta ganz vorn, das Schimmelfohlen, Sorge und die anderen. Er betrachtet es lange, dann wendet er seinen Kopf zur Wand, läßt das Zeichenblatt auf die Bettdecke sinken. Mucke ahnt es: Er mag nicht mehr leben, nicht so.

Freunde kommen, die Verwandten. Sie weiß nicht, ob der Vater überhaupt wahrgenommen hat, daß sie auch da war, seine Hand gestreichelt hat, bevor sie wieder hinausgeschickt wurde auf den Flur, dessen Linoleum sie nun kennt wie die Tapete in ihrem Zimmer zu Haus.

Eines Nachts kommt die Tante in Muckes Zimmer. Sie hört den schweren Schritt auf der Treppe und weiß, was er zu bedeuten hat: Der Vater ist gestorben, eingeschlafen, sagt die Tante. Sie möchte nach Haus oder zur Großmutter, aber sie soll auf die Mutter warten, die erst am nächsten Abend aus dem Sanatorium im Schwarzwald kommen wird.

29

Im Erkersaal haben sie den schmalen verzinkten Kasten auf zwei Stühlen abgestellt. Der Tischler nimmt gerade Maß für den Sarg. Äste von Fichten und Blautannen liegen herum, es riecht nach Harz und nach den Wachskerzen, die noch nicht aufgesteckt sind. Was hat das mit dem Vater zu tun? Im Haus wird nur noch halblaut gesprochen; daß das Parkett knarrt und die Schritte im Treppenhaus hallen, ist ungehörig.

Juli und Mucke ziehen sich ihre Lodenmäntel an. Draußen bringt die helle Märzsonne ihre Augen zum Tränen. Sie gehen schweigend nebeneinander her. Juli hat sein Tesching mitgenommen. Es ist Vaters letztes Geschenk. An der Pluskatz biegen sich die Erlen im scharfen Ostwind. Der Boden ist noch hartgefroren. Wo die Sonne nicht hinkommt, versilbert Rauhreif das gelbliche Wintergras.

Die Enten sind am Teich, und für Schnepfen ist es auch noch zu früh, sagt Juli. Mit dem Tesching hätte er sowieso nicht auf Flugwild schießen können. Sie laufen weiter am Bach entlang bis zur Quelle. Erinnerst du dich, wie du mit Fathme beinahe im Moorloch versunken bist? fragt Juli. Fathme ist wieder zurück. Sie haben sie nicht brauchen können. Gitta ist tot. Der Vater hat nie nach ihr gefragt, er wußte es.

Mich friert, sagt Mucke. Juli bleibt stehen, nimmt ihre Hand und steckt sie zusammen mit seiner warmen Linken in seine Manteltasche. Das Tesching hat er am Riemen wie einen Karabiner geschultert.

Sie schleichen über die Hintertreppe in ihre Zimmer. Niemand erwartet, daß sie sich an der Geschäftigkeit im Haus beteiligen. Mucke beginnt ihre Kommode aufzuräumen. Fast alle Blusen und Pullover sind ihr zu eng geworden. Sie ist auch aus den Röcken herausgewachsen. Der Haufen mit den Kinderkleidern wird immer größer. Sie stopft sie in die unterste Schublade, die beiden oberen bleiben fast leer.

Juli sitzt auf dem rosageblümten Sofa und sieht ihr zu,

wie sie im Spielschrank kramt. Sie wickelt die Holzfigürchen in grünes Seidenpapier, bevor sie sie in Schuhkartons packt. Auf die Deckel schreibt sie mit Druckbuchstaben «Mein Dorf» oder «Tiere» und verschnürt die Kartons mit roten Bändern von den Weihnachtsgeschenken. Jetzt gehört alles dir, sagt sie. Aber Juli gibt keine Antwort. Er hat die Beine über die Sofalehne geworfen und sich hingelegt. Er starrt an die Decke, als könne er dort lesen, wie es weitergehen wird.

Jetzt bist du der Besitzer, sagt Mucke noch einmal. Aber sie weiß selbst nicht, was das bedeutet und was es zu tun hat mit dem verzinkten Kasten im Erkersaal.

Juli dreht sich zur Wand, sein Gesicht ist naß von Tränen. Sie kauert sich vor das Sofa. Nun kann sie auch weinen.

Am Abend setzt sich die Mutter an Muckes Bett. Wir müssen uns jetzt besonders liebhaben, sagt sie. Es klingt, als habe sie den Satz auswendig gelernt. Sie leidet, man kann es spüren, aber es ist ein anderer Schmerz. Mucke weiß nicht, wie sie ihr helfen soll.

Der Leichenzug ist so lang wie die ganze Lindenallee. Die Verwandten sind alle gekommen. Die Brüder und Vettern tragen Feldgrau. Langsam bewegt sich der schwarze Zug hinter der Lafette her, die die Füchse ziehen. Der Sarg ist mit einer schwarzweißroten Fahne bedeckt, das Eiserne Kreuz am Kopfende. Hermann führt Fathme, so sei es bei Kavalleristen. Die leeren Bügel am Sattel klappern bei jedem Schritt. Die Regimentskameraden und die Militärkapelle marschieren in Viererreihen, dann kommen die Gutsleute, die Freunde, die Nachbarn, «Großer Gott, wir lieben dich, Herr, wir preisen deine

Stärke». Es war Vaters Lieblingslied. Aber auf dem Friedhof, der viel zu klein ist für die Menschenmenge, klingt es kläglich, weil keiner laut singen mag. «Ein feste Burg ist unser Gott.» Der Vater mochte keine Trauerlieder. Als die Soldaten ihre Salve in die Luft schießen, reißt sich Fathme los. Juli und Mucke sehen sich an. Am liebsten wären sie auch fortgerannt. Aber sie bleiben stehen mit gesenkten Köpfen, bis alles zu Ende ist, die Reden, der Zapfenstreich, «Ich hatt einen Kameraden», das Händedrücken, die verschiedenen leisen Stimmen, die die Formeln endlos wiederholen. Auf dem Rückweg spielt die Militärkapelle den Hohenfriedberger Marsch. Die Trauergäste haben sich untergehakt. Es weht noch immer ein kalter Ostwind. Sie gehen die kahle Lindenallee zurück, und die Schritte passen sich allmählich dem Marschrhythmus an. Aber für Mucke rückt das Schloß mit seinen röhrenden Hirschen auf den Torpfosten immer weiter weg. Sie wird nie mehr ankommen, denkt sie, nie mehr.

*Ein halbes
Jahrhundert später*

....
Das Schloß steht noch. Über die Ziegelmauer, die den Park umschließt, ist jetzt Stacheldraht gespannt. Außer den gußeisernen Hirschen auf den Torpfosten bewacht ein Pförtner den Eingang. Im Schloß soll hundert Alkoholikern das Trinken abgewöhnt werden. Offenbar gelingt dem einen oder anderen doch noch die Flucht in die Gastwirtschaft. Dort jedenfalls fanden wir die einzigen Anzeichen neuen Wohlstandes: eloxierte Schaufensterrahmen.

Es regnete, die Straße war glitschig von Lehmklumpen, die Trecker, von den Feldern kommend, plattgewalzt hatten. Zuckerrübenernte auf schweren Böden ist eine Plage. Die Maschinen, die die Blätter absäbeln, die Rüben herausheben und gleich auf Anhänger befördern, hinterlassen tiefe Furchen, in denen braunes Wasser steht. Mißhandelt sehen die Äcker aus, von breiten Narben durchzogen; zerquetschte welke Rübenblätter sprenkeln die fette Erde mit fahlem Grün. Damals, denke ich, hätte jetzt der Schäfer seine Herde über das verwüstete Feld getrieben. Kein Blatt kam um. Bis der Frost einsetzte, weideten die Schafe auf den Rübenäckern. Ihre Klauen stanzten die Erde mit Tausenden kleiner gespaltener Dreiecke.

Es war jetzt elf Uhr, aber die Wolken hingen so tief, als wollte der Tag sich nicht von der Morgendämmerung trennen. Novemberwetter, die schlechteste Jahreszeit für ein Wiedersehen. Es war auch nicht geplant, eher ein Zufall. Ein halber freier Tag in Breslau, das jetzt Wroclaw heißt, bot die Gelegenheit.

Früher war Breslau eine Tagesreise, sorgfältig vorbereitet und mit Aufregung verbunden. Heute brauchen wir kaum eine Stunde. Apfelbäume säumen wie vor fast fünfzig Jahren die Chaussee, verkrümmt die abgestorbenen Äste, mit grauen Flechten bedeckt. Chaussee nannten wir die geteerte schmale Straße, die zum Bahnhof führte und weiter zu den Nachbardörfern und in die Kreisstadt.

Friedrich der Große hat die Obstbäume rechts und links der Chaussee pflanzen lassen, erkläre ich dem Sohn am Steuer. Bei uns gedeihen sie nicht recht, es ist zu rauh, der Ostwind hat sie alle verbogen. Bei uns, habe ich gesagt, als sei das hier immer noch mein Zuhause.

Im Winter 1929 sind die meisten erfroren, erzähle ich weiter, alle edlen Sorten, die Renetten und Gravensteiner, auch die Kirschen; nur den Holzäpfeln hat die Kälte nichts ausgemacht.

1929 war ich drei Jahre alt, ein pummliges kleines Mädchen, das sich in einem Schmetterlingskleid zu dem braunweiß gefleckten Spaniel hinunterbeugt. Das Foto habe ich noch, sonst könnte ich mich nicht erinnern. Fax, der Schwerenöter, der Herumtreiber und Eierdieb, war der erste von einem Dutzend Hunden, die ich geliebt habe. Er fand ein trauriges Ende: Er wurde, in einem fremden Hühnerstall ertappt, mit einem Ziegelstein erschlagen. Beinahe jedenfalls, er schleppte sich noch nach Haus. Hermann setzte ihn in einen Korb, trug ihn zum Hundefriedhof im hintersten Winkel des Parks und erschoß ihn.

Warum Hermann? fragt der Sohn, der Hund gehörte doch euch.

Hermann konnte das, erklärte ich matt. Hermann: Diener, Faktotum, Vertrauter und Respektsperson – wir Kinder bewunderten und fürchteten ihn. Er war unentbehrlich, ohne ihn funktionierte nichts.

Ich mag keine Hundegeschichten, sagt der Sohn.

Die beiden Häuser dort am Dorfrand wurden nach dem Ersten Weltkrieg gebaut. Zollbeamte wohnten dort, erklärte ich weiter. Denn nun waren wir Grenzland. Das Reichthaler Ländchen gehörte nach der Abstimmung zu Polen. Hast du mal etwas vom Reichthaler Ländchen gehört? frage ich.

Der Sohn schüttelt den Kopf.

Die Volksabstimmung wurde nicht anerkannt, hieß es. Solange das Reichthaler Ländchen nicht wieder deutsch ist, darf auf dem Turm keine Fahne gehißt werden. Wie oft habe ich als Kind diesen Satz gehört.

Den Turm hatten wir schon von weitem gesehen. Ein klobiger Turm mit einer Haube von Schieferschindeln. Die bunte Bleiverglasung der Aussichtsplattform, Kindheitsseligkeit: die Welt in Rot, in Blau, in Grün, in Gelb und Violett.

Ob ich mit der dicken Heidi vom Zollhaus jemals auf den Turm gestiegen bin? Sie ging mit mir in die Schule. Zollbeamte waren etwas Besonderes im Dorf, immerhin Beamte. Es gab kleine Stellenbesitzer, die von der Landwirtschaft allein nicht leben konnten, wenige größere Bauern und dann die Gutsleute mit ihrer Hierarchie, an deren Spitze der Oberinspektor stand, gefolgt vom Schüttboden-Vogt, vom Oberschweizer, Schweine- und Schafmeister, den hochgeschätzten Handwerkern, Schmied, Monteur, Stellmacher, Maurer, den

Treckerfahrern und Ackerkutschern und den Ungelernten.

Wem die kleinen Höfe links von der Straße gehört haben, weiß ich nicht mehr. Rechts war früher ein schilfiger Teich, den der Großvater trockenlegen ließ; in heißen Sommern wurden hier die besten Ernten eingefahren.

Gleich werden wir in die Lindenallee einbiegen. Die Bäume scheinen in den letzten fünfzig Jahren nicht gewachsen zu sein. Es fehlt kaum einer. Aber der Bismarckstein an der Kreuzung ist umgestoßen, ein mächtiger Findling.

So groß habe ich es mir nicht vorgestellt, sagt der Sohn, und so häßlich auch nicht.

Ja, es stimmt: Das Schloß ist häßlich, jedenfalls die Frontseite. Sie haben den Efeu heruntergerissen. Er hatte die verschiedenen Anbauten, die alle nicht zueinander paßten, mit seinem Blätterpelz überzogen. Hunderte von Spatzen fanden dort Schutz. Ihr Schilpen war von morgens bis abends Begleitmusik. Wir waren daran gewöhnt, wir hörten sie nicht mehr. Aber manche Gäste beklagten sich, sie könnten nicht schlafen, wachten auf vom Rascheln oder von den Vogelstimmen. Jetzt sind die Mauern neu verputzt, mit einem tristen dunkelgrauen Betonanstrich versehen, die Fenster weißumrandet.

Wir haben den roten Golf vor dem lanzenbewehrten Tor abgestellt. Die eisernen Hirsche des Urgroßvaters röhren noch immer sehnsuchtsvoll in den Himmel. Sie sind nun bemalt, rotbraun stehen sie auf grünem Grassockel wie die Zootiere, die wir von Vaters Brüdern geerbt hatten. Ein weißes Schild vor der Pförtnerloge zeigt an, daß der Zutritt verboten ist. Heilanstalt, entziffern wir.

Wir stehen da wie unerwünschte Besucher, verlegen, unsicher. Der Sohn würde sich am liebsten wieder ins Auto setzen und weiterfahren.

Geht es dir nahe? fragt er. Eine kurze Antwort erwartet er wohl nicht. Mein Gott, sagt er, was liegt alles dazwischen!

Der Zusammenbruch einer Welt, das Ende einer Gesellschaft, einer Lebensform, wir haben oft darüber gesprochen.

Das hatte sich alles längst überlebt, sagt der Sohn.

Vielleicht, gebe ich halbherzig zu. Ich war zu jung, um das zu erkennen. Damals schien es intakt, schien unveränderlich. Feudale Verhältnisse – ich habe den Begriff erst Jahre später gehört. Ostelbische Junker – wir hätten uns nicht getroffen gefühlt. Die Oder war unser Fluß.

Die Kreuzritter hätten wir gern zu Vorfahren gehabt, es ließ sich leider nicht nachweisen. Aber bei der Schlacht von Liegnitz 1241 war mindestens ein Ahnherr dabei. Daß es sich um ein polnisch-deutsches Ritterheer handelte, lernte ich erst später. Daß die deutschen samt den polnischen Rittern geschlagen wurden und ihre Niederlage nur in einen Sieg verwandeln konnten, weil die Mongolen ihren toten Khan in asiatischer Erde bestatten wollten und sich wieder gen Osten zurückzogen, paßte nicht in den Geschichtsunterricht im Dritten Reich.

Auch zum Geschichtspanorama der Familie paßten Niederlagen nicht. Das Bedürfnis nach Heldenverehrung war groß. Der Alte Fritz war die Lichtgestalt schlechthin. In Mahagoni, mit schwarzen Ecken gerahmt, bedeckten Menzels friderizianische Stiche die Wände. Fridericus Rex stand, zierlich auf einen Stock gestützt, auf dem Deckel der silbernen Zuckerdose. Als Griff diente seine zerbrechliche Gestalt einer Silberglocke, die nur zu Weihnachten benutzt werden durfte.

Der Siebenjährige Krieg, Friedrichs Kampf um Schlesien, sein Sieg, wieder einmal dank einem Zufall: dem Tod der russischen Zarin. Wir konnten Preußens Geschichte von den Wänden ablesen.

In gewisser Weise war Preußens Kampf um Schlesien immer noch nicht beendet. Feinde und Vorurteile gab es genug. Im dörflichen Maßstab wurden Katholiken und Polen, die oft identisch waren, bekämpft oder zumindest abgelehnt, was jedoch nicht ausschloß, daß beste Freunde beides oder eins von beiden waren. Anständig, hieß es dann, ein durch und durch anständiger Mann, eine Ausnahme, die die Regel bestätigt.

Ihr seid nie rausgekommen, sagt der Sohn, so abgelegen wie das hier ist. Zwei Jahrhunderte zurück, das war für euch ganz nah.

Ja, auch das stimmt: Es war ein abgeschlossenes kleines Reich. Wer es geerbt hatte, fühlte sich als König. Fühlte sich aber auch bedroht von einer neuen Zeit, die ihn in Frage stellte. Stadtfeindlich, industriefeindlich waren wir. Und selbstgerecht. Der Pietismus hatte hohe Ziele gesetzt: soziale Verantwortung und ein gottgefälliges Leben. Wir glaubten durchaus besser zu sein als andere; wir waren seit Generationen wohltätig, sozial würde man heute sagen. In der Familie gab es vorwiegend zwei Berufe: Landwirt und Soldat. Ein paar Außenseiter wurden geduldet, aber möglichst weit weg geschickt.

Ein etwa fünfzigjähriger Mann kommt auf uns zu. Er spricht uns auf deutsch an. Oberschlesier sei er, zehn Jahre nach dem Krieg sei er als Gärtner hierhergekommen. Wir loben das Rondell, die sorgsam geschnittenen Buchsbaumhecken, die Stiefmütterchen, die schon für das nächste Frühjahr gepflanzt sind.

Es sieht fast wie damals aus, entfährt es mir.

Waren Sie hier zu Haus? fragt der Mann.

Ich möchte ausweichen, aber er spricht schon weiter. Er will uns den Park zeigen, holt sich vorher die Erlaubis vom Direktor. Die Wege sind jetzt asphaltiert. Von den alten Bäumen stehen nur noch wenige. Auch die Blutbuche und die gelbe Eiche sind gefällt.

Das waren anständige Leute hier, erzählt er – auch er benutzt das Wort anständig –, niemand hat hier im Krieg gehungert. Die polnischen Fremdarbeiter wurden gut behandelt. Die Russen kamen, als gerade eine Hochzeit im Schloß gefeiert wurde. Die Hochzeitsgesellschaft ließ den Braten auf dem Tisch stehen und floh. Die Russen setzten sich an den Tisch und aßen weiter, tranken den Wein, steckten das Silberbesteck ein und schossen herum.

Es war meine Hochzeit, sagte ich, am 18. Januar 1945. Russische Panzer stießen bis zur Oder vor. Wir glaubten uns eingeschlossen. Der Mann betrachtet mich und den Sohn kopfschüttelnd. So etwas, murmelt er, so etwas! Wollen Sie ins Haus? fragt er, die Einschüsse in der Täfelung des Eßzimmers sind noch immer zu sehen.

Er macht uns mit den Ärzten bekannt, führt uns durch das Treppenhaus ins obere Stockwerk, wo einer der Riesenschränke noch steht, durch den gerade ein gelbgesichtiger Patient aus Mutters Zimmer kommt. Unser Spielzimmer ist Ausstellungsraum für die Bastelarbeiten, mit denen die bleichen Männer beschäftigt werden.

Einen Kaffee wolle er uns anbieten, sagt der jüngere Arzt in bestem Schulfranzösisch. Er lädt uns in Vaters Zimmer ein, das jetzt sein Sprechzimmer ist.

Ein quadratischer Raum, Kreuzgewölbe, die Wände sind gelb getüncht, gelb wie früher die Tapeten. Wir sitzen auf harten Kunststoffstühlen, aber ich sehe die tiefen braunen Sessel vor mir, in denen Vaters Freunde saßen, wenn sie zu endlosen nächtlichen Gesprächen kamen. Es waren Freunde aus seiner Militär- und Studienzeit, Pastoren der Bekennenden Kirche, wenige Nachbarn. Was sie besprachen, habe ich als Kind nie erfahren. Die Besuche in Kreisau bei den Moltkes, zu denen wir manchmal mitgenommen wurden, waren für uns Kinder wie andere Besuche auch, bei denen wir zwar mitgenommen, doch dann fast vergessen wurden. Übernächtigt, sorgenbeschwert, so erlebten wir den Vater, wenn die Gäste fortgefahren waren oder er selbst von Besuchen zurückkehrte. Es war nur ein kleiner Kreis von Vertrauten.

Meine Hochzeit. In der klaren Winterluft konnte man die klirrenden Panzerketten der russischen Armee hören. Zu trecken war verboten, die Pferde waren ohnedies zu Spanndiensten beim Grabenbau des Unternehmens Bertold eingesetzt, sie würden erst am späten Nachmittag zurückkehren, zusammen mit den alten Männern und Halbwüchsigen, die mit Panzerfäusten die anrollende russische Armee aufhalten sollten.

Wir ließen die Glocken läuten und gingen in langen Kleidern, ich im Brautkleid mit Schleppe und Schleier, über die gefrorenen Parkwege zum Betsaal über der Gärtnerei. Die Gemeinde hatte sich noch einmal versammelt. Viele standen. 1. Korinther 13, Vers 13: «Nun aber bleibt

Glaube, Hoffnung, Liebe, diese drei; aber die Liebe ist die größte unter ihnen.» Was wir gesungen haben, weiß ich nicht mehr.

Meinen Bruder habe ich an diesem Tag zum letztenmal gesehen. Er trug die schwarze Uniform eines Panzerschützen. Am 12. April ist er als Fahnenjunker in einem Wald in der Nähe von Würzburg gefallen. Am 18. Januar nahm ihn ein Onkel mit, dem als Feldmarschall im einstweiligen Ruhestand ein Holzgas-Auto zur Verfügung stand.

Gerade als der Großvater vom Zobten mit tränenerstickter Stimme den ersten Toast ausbrachte auf das geliebte Vaterland und noch immer auf die Hohenzollern, klingelte das Telefon. Der Bahnhofsvorsteher kündigte einen Zug an. Wenn wir uns beeilten, würde er ihn für wenige Minuten anhalten.

So sind wir fortgekommen. Nur die Großmutter blieb, organisierte den Treck der beiden Güter, der beiden Dörfer, kam auch noch über die Oder und bis ins Riesengebirge. Dort geriet der Zug in den breiten Strom der Flüchtlinge, löste sich auf, blieb stecken. Viele kehrten um, viele starben.

Der Sohn unterhält sich mit dem Arzt, der wegwill aus diesem Sanatorium für Männer, die doch wieder rückfällig werden und weitertrinken.

Eine andere Wirklichkeit. Meine Vergangenheit ist weit weggerückt, ist Legende geworden.

Kartenteil

Die folgende Karte zeigt die nahe Umgebung des Gutshofs Lorzendorf: Reihendörfer deuten auf fränkische Siedlungen hin, Haufendörfer auf slawische. Außer den meist einspurigen Chausseen, die die Dörfer miteinander verbanden und oft schnurgerade angelegt waren, gab es nur sehr wenige befestigte Feldwege, die im Winter und im Frühjahr kaum befahrbar waren.

Auf der nächsten Doppelseite die Karte Schlesiens in den Grenzen von 1920-1940 (Maßstab 1:1 500 000).

Kreuzendorf
Schadegur
Vw. Carlshof
Proschau
Lorzendorf
Pluskatz
Burgwall
Lorzendorf
Hennersdorf
Klein-Lorzendorf
Strehlitz
Breitedorf
Ord

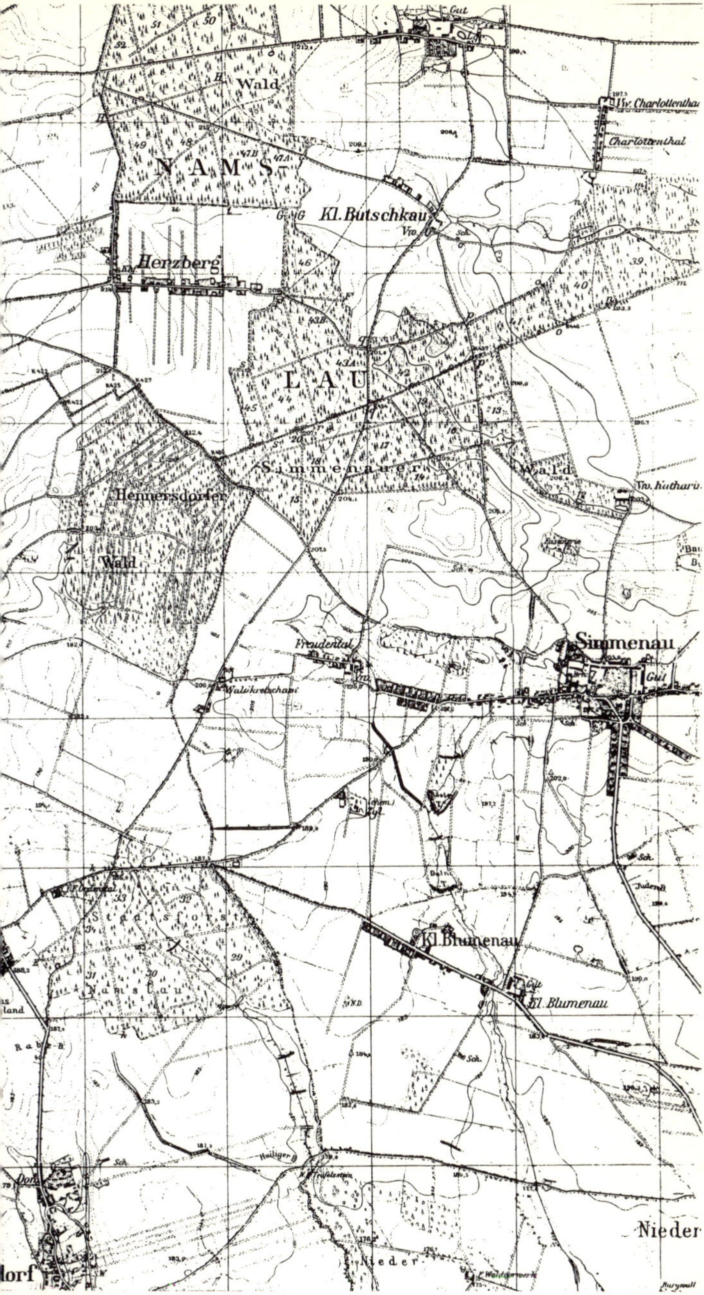

Wald
NAMS-
LAU
Kl. Butschkau
Herzberg
Charlottenthal
Vw. Charlottenthal
Simmenauer
Wald
Vw. Katharin.
Hennersdorfer
Wald
Freudental
Waldkretscham
Simmenau
Gut
Kl. Blumenau
Kl. Blumenau
Gut
Stadtsforst
Namslau
Heiliger B.
Nieder
Nieder
Sch.

Grünberg
Freystadt
Glogau
Sagan
Sprottau
Hoyerswerda
Rothenburg
Lüben
Bunzlau
Görlitz
Goldberg
Lauban
Löwenbg.
Schönau
Bolken-
hain
Hirschberg
Landeshut

Militsch
Wohlau
Trebnitz
Gr.-Wartenbg.
Oels
Neumarkt
BRESLAU
Namslau
Kreuzburg
Rosenberg
Ohlau
Brieg
Guttentag
Nimptsch
Strehlen
Reichenbach
Grottkau
Oppeln
Frankenstein
Münsterbg.
Falkenbg.
Gr.-Strehlitz
Neiße
Beuthen
Hindenbg.
Gleiwitz
Neustadt
Cosel
Habelschwerdt
Leobschütz
Ratibor